城下町の記憶

—写真が語る彦根城今昔—

城下町彦根を考える会 編

付　彦根指定文化財一覧

サンライズ出版

⬆平成９年に改修された彦根城天守（西川幸治撮影）

城下町の記憶 ―写真が語る彦根城今昔―

【目次】

カラーグラビア

古写真が語る彦根城

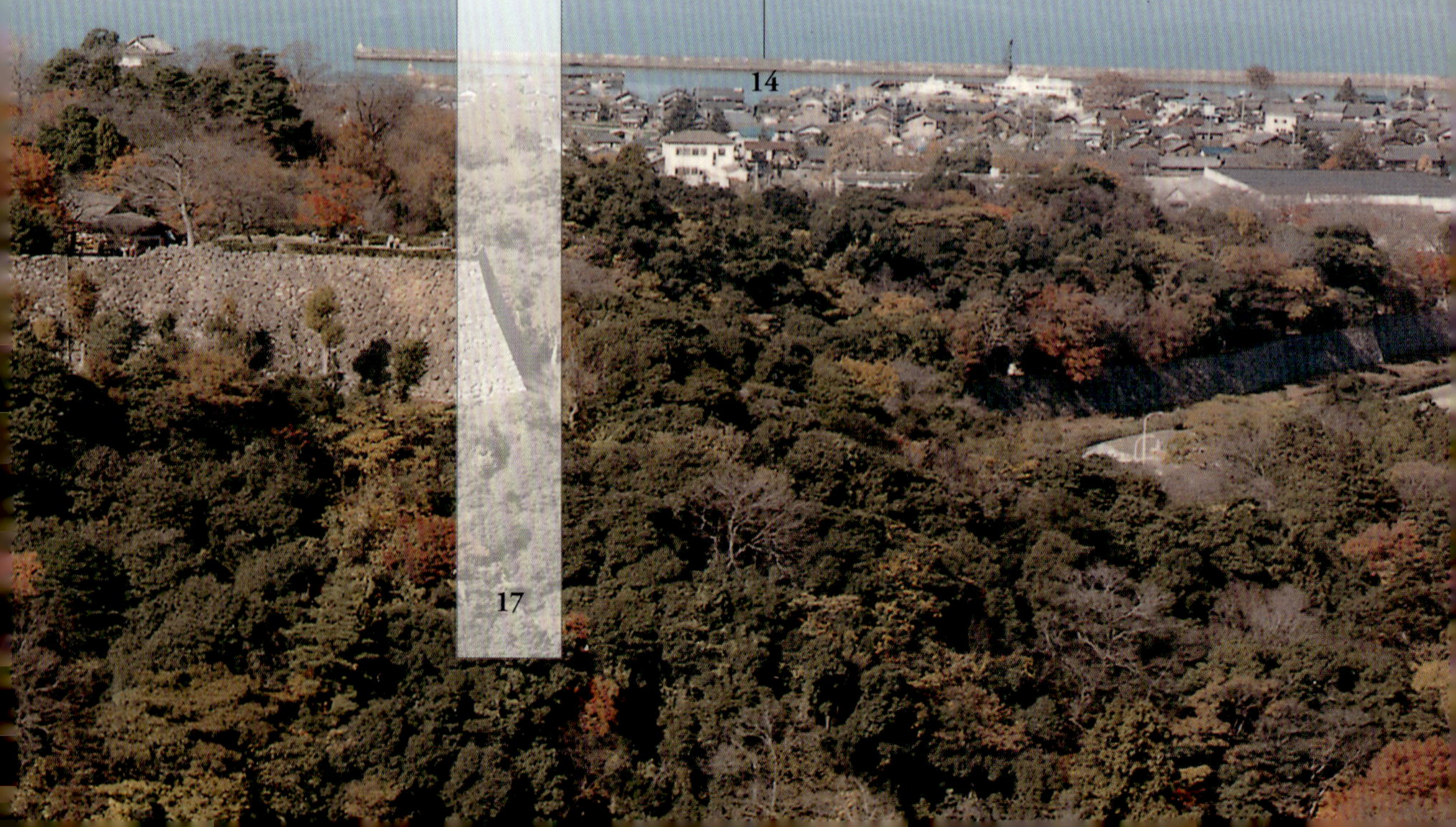

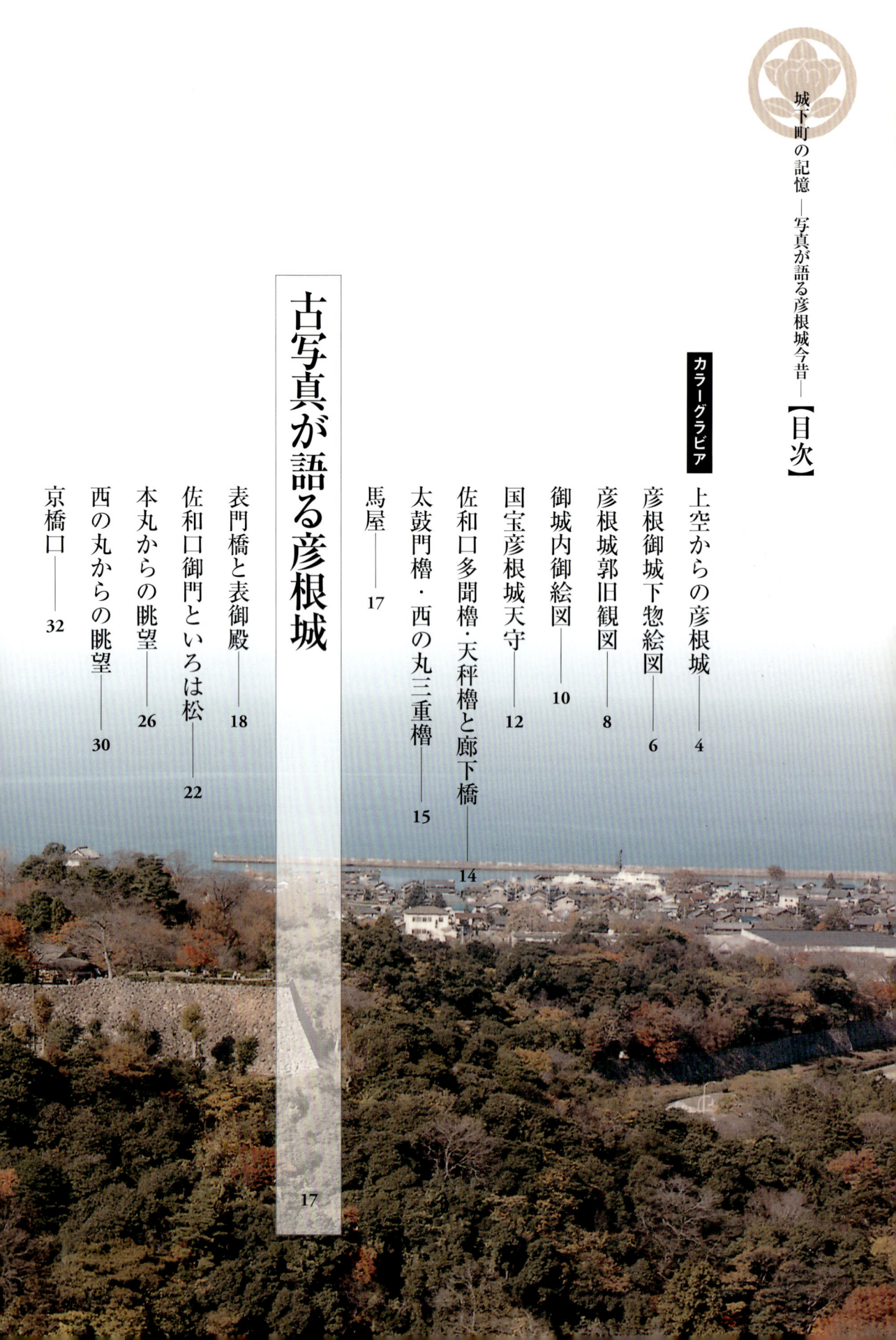

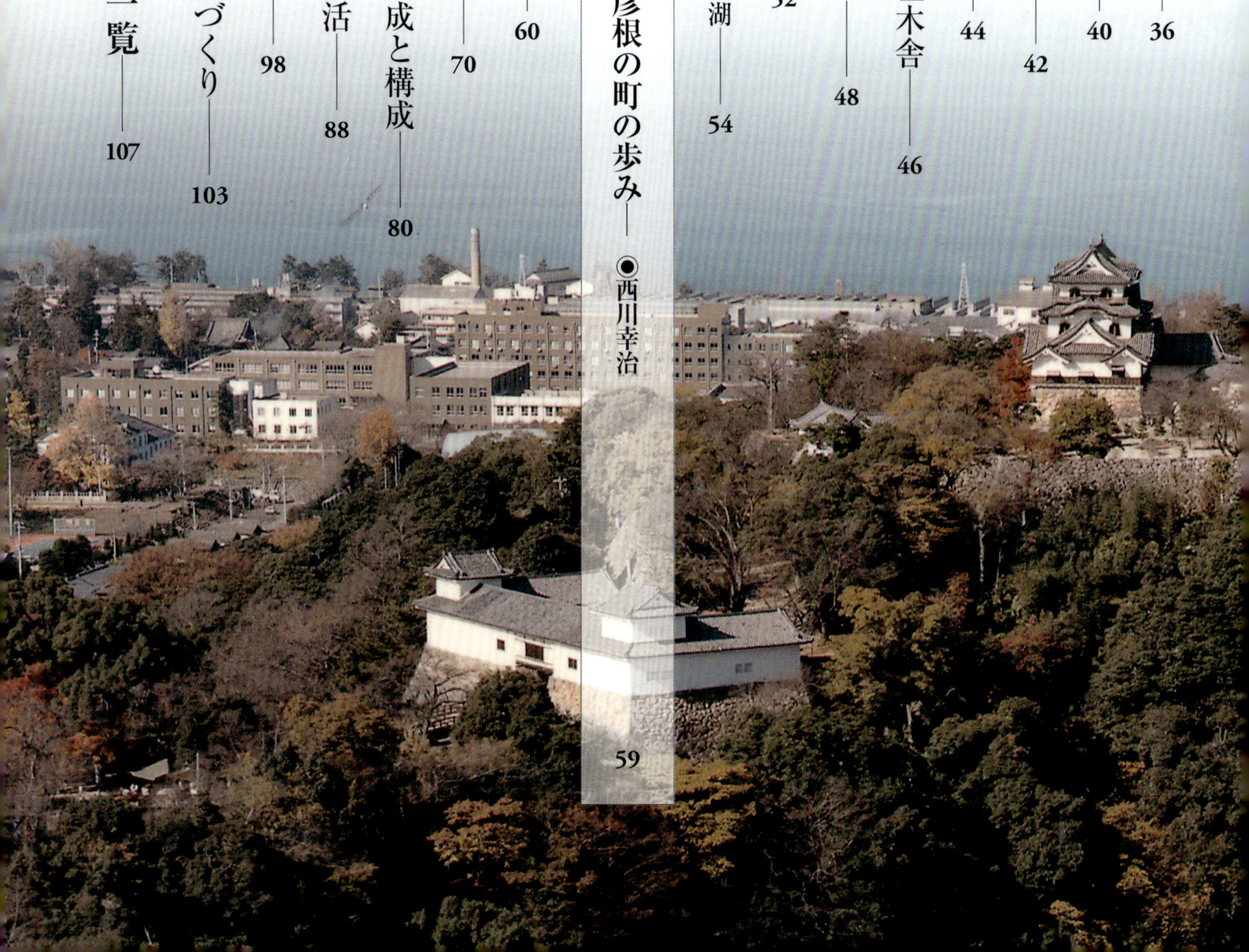

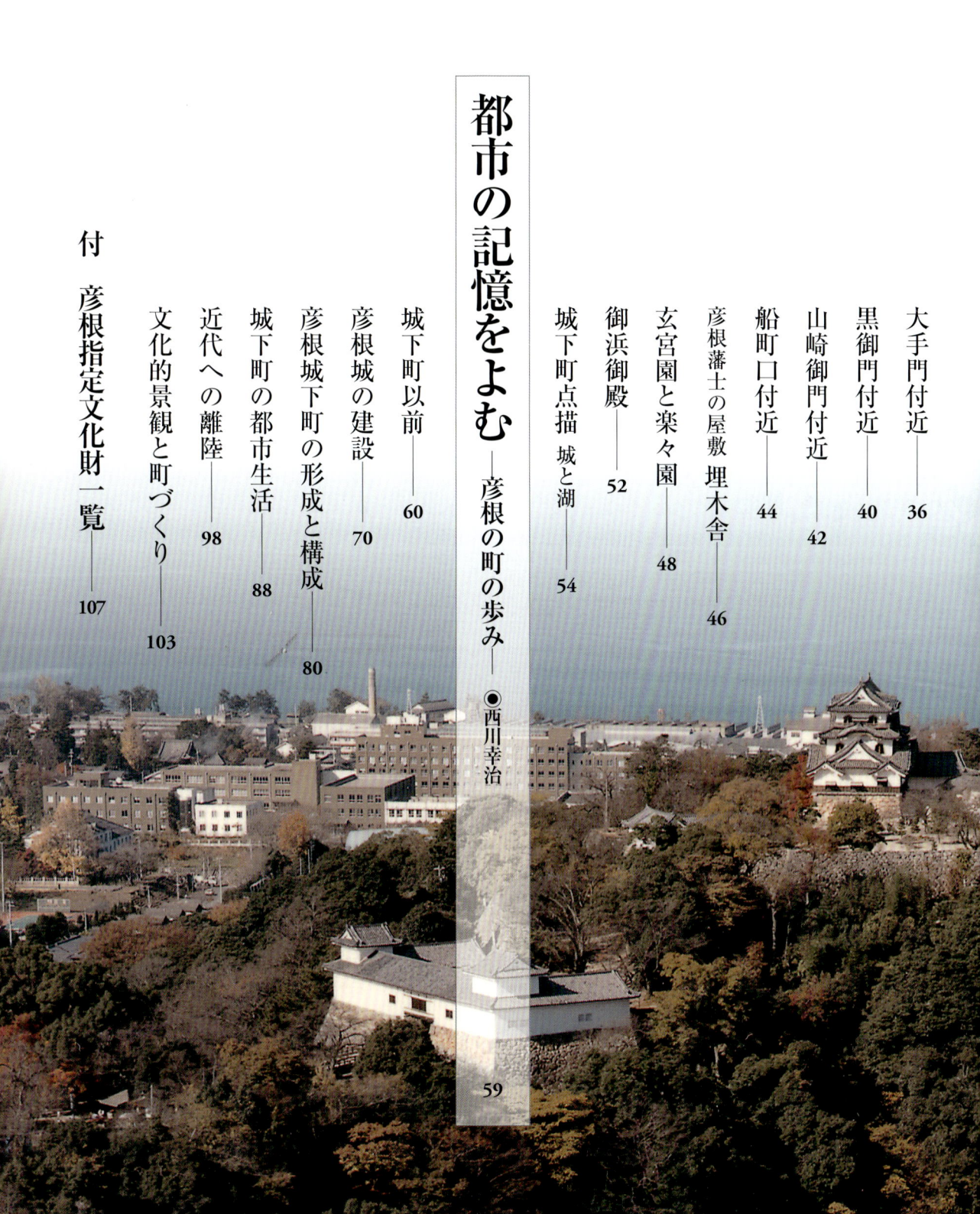

➡上空からの彦根城。手前は左右の均整が美しい天秤櫓、中央の太鼓門櫓を過ぎると国宝彦根城天守にたどりつく。かつての藩校は内堀の外、現在の彦根市立彦根西中学校（左上）になり、グラウンドには、「藩校跡」の石碑が建つ。中堀の外に滋賀大学経済学部（中央上）が見える。（写真：彦根市提供）

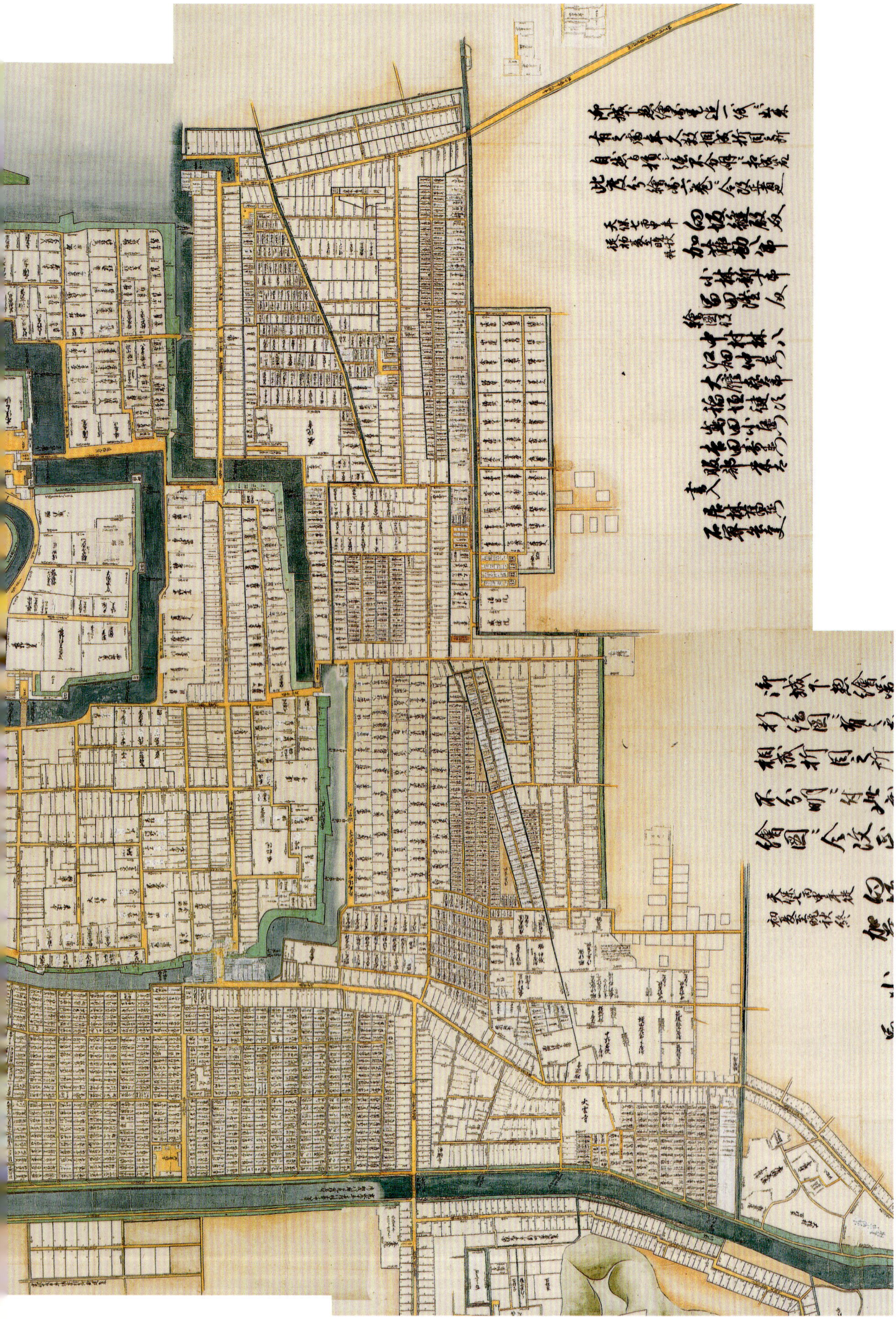

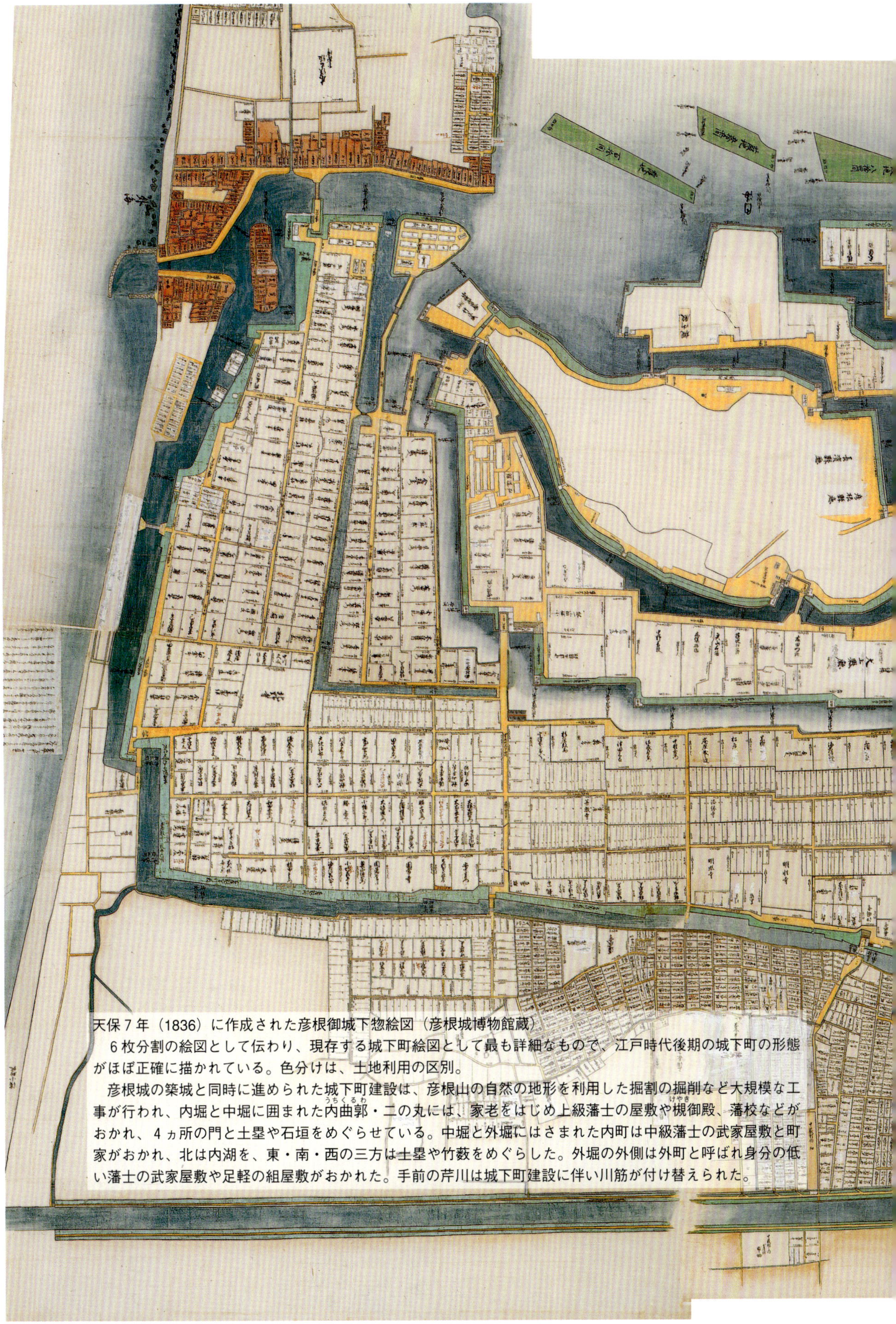

天保７年（1836）に作成された彦根御城下惣絵図（彦根城博物館蔵）

６枚分割の絵図として伝わり、現存する城下町絵図として最も詳細なもので、江戸時代後期の城下町の形態がほぼ正確に描かれている。色分けは、土地利用の区別。

彦根城の築城と同時に進められた城下町建設は、彦根山の自然の地形を利用した掘割の掘削など大規模な工事が行われ、内堀と中堀に囲まれた内曲郭《うちくるわ》・二の丸には、家老をはじめ上級藩士の屋敷や槻《けやき》御殿、藩校などがおかれ、４ヵ所の門と土塁や石垣をめぐらせている。中堀と外堀にはさまれた内町は中級藩士の武家屋敷と町家がおかれ、北は内湖を、東・南・西の三方は土塁や竹薮をめぐらした。外堀の外側は外町と呼ばれ身分の低い藩士の武家屋敷や足軽の組屋敷がおかれた。手前の芹川は城下町建設に伴い川筋が付け替えられた。

➡残された古絵図を参考に郷土史画家上田道三氏によって昭和三十三年秋に描かれた「彦根城郭旧観図」。手前は中堀で、北に松原内湖が広がり、左上部は琵琶湖。（写真・彦根城博物館提供）

⬆文化11年に作成された御城内御絵図。彦根城のある山は彦根山と呼ばれ、築城前にあった彦根寺の山号が金亀山《こんきさん》であったことから別名金亀山と呼ばれる。南に丸く曲線を描き北に細く、自然の地形を利用した偶然であろうが、亀のように見える。金亀の由来は彦根寺の観音様が金の亀に乗っていたことにあると伝えられる。
（彦根城博物館蔵）

⬇北東から望む彦根城の現状。写真左下は堀を埋め立てて作られた金亀公園。手前は山崎郭。（写真：彦根市提供）

➡平成９年に改修された天守（写真：彦根市提供）

⬆改修前の国宝彦根城天守（写真：彦根市提供）

慶長９年（1604）から始まった彦根城築城は、本丸・太鼓丸・鐘の丸、西の丸、山崎郭など自然の地形を利用しながら、第一郭を中心に堅牢な石垣工事が進められた。外郭部分はわずか数ヶ月で完成し、本丸天守の完成は２年後の慶長11年（1606）、この時機の工事は慶長12年頃まで続くが、４年という短期間で城郭の主要部分が完成した。天守は３階３重で構成され、屋根は「切妻破風《きりづまはふ》」「入母屋破風《いりもやはふ》」「唐破風《からはふ》」を多様に配しており、２階と３階には「花頭窓《かとうまど》」、３階には高欄《こうらん》付きの「廻縁《まわりえん》」を巡らせるなど外観に重きを置き、変化に富んだ美しい姿を見せている。昭和32年から35年にかけて行われた解体修理により、墨書のある建築材が発見され、天守の完成が慶長12年（1607）であることが判明、『井伊年譜』には、「天守は京極家の大津城の殿守也」とあり、彦根城の天守が大津城（大津市）の天守を移築した可能性が考えられる。昭和27年に国宝に指定され、現在の建物は平成９年に大改修された。

⬆佐和口。左側は重要文化財の多聞櫓

「いろは松」に沿った登城道の正面に佐和口があり、大手の京橋口とともに彦根城の重要な城門の一つ。多聞櫓は長屋のような形が特徴的で、佐和口の桝形を囲むように２回曲折する長屋となっている。

⬆天秤櫓（重要文化財）**と廊下橋**

両隅に２階建ての櫓を設けて中央の門が開く構造で均整のとれた美しさに加え、城門としての堅固さが感じられる。堀切に架かる橋は廊下橋。右手の高石垣（写真）が、越前（現在の福井県北部）の石工《いしく》たちが築いたと伝える築城当初の「牛蒡《ごぼう》積み」、左手は、嘉永年間に積み替えられた切石の「落し積み」で左右の石組みの技法が異なる。

⬆太鼓門櫓（重要文化財）

太鼓門櫓の門の柱に残る古い釘穴は納札を打ちつけた痕跡だとして、彦根城築城以前、彦根山の山上にあった彦根寺の山門を移築したものと考えられていたが、昭和32年の解体修理で否定されている。櫓の左手には大きな自然石がそのまま生かされ、彦根山の自然をたくみに利用した城郭づくりが見られる。

⬆西の丸三重櫓（重要文化財）

本丸に隣接する西の丸の西北隅に位置し、西に張り出した出曲輪《でぐるわ》との間に設けられた深い堀切に面して築かれている。櫓全体を総漆喰塗とし、簡素な中にも気品がある。

⬆馬屋（重要文化財）

表門の外、内堀と道路を隔てて建つ馬屋は、現存する近世城郭の中でも規模の大きさでほかに例がない。L字形の建物は、東端に畳敷の小部屋があり、西端近くの門のほかは、すべて馬立場《うまたちば》と馬繋場《うまつなぎば》となり、21頭の馬を収容することができた。

⬆馬屋（撮影年不明）。奥は佐和口多聞櫓

古写真が語る彦根城

⬆昭和18年頃の彦根城天守

⬆ 昭和18年頃の表門橋、天秤櫓が見える。

表門橋と表御殿①

⬆彦根城表御門橋付近から天秤櫓・月（着）見櫓を望む。手前が表御殿。明治９年撮影。

⬆ 平成15年に修復された現在の表門橋。

⬆彦根藩の政庁であった表御殿は明治11年に解体され、その後、公衆グラウンドとして市民の憩いの場所となった。桜の時期には花見客のための屋台が並ぶなど、四季折々に、時代時代に多くの人出で賑わった。

表御殿跡には、彦根市制50周年記念として彦根城博物館が建設されることになり、先立つ遺構調査ではほぼ完全な遺構が確認された。遺構や古絵図をもとに表御殿の外観を忠実に復元した博物館には、旧彦根藩主井伊家に伝わる３万５千点の美術工芸品や古文書が収蔵展示されている。一方、他に移築されていた能舞台は、唯一現存する旧御殿の遺構であるが、建設と同時に表御殿に戻され、能楽の催しが盛んに行われている。

表門橋と表御殿②

⬆明治９年に開催された彦根博覧会の想像図。（上田道三画）

⬆表御殿を復元して建設された彦根城博物館。

⬆明治９年の佐和口多聞櫓付近。手前が佐和口御門。
写真右上は月（着）見櫓。

左右の多聞櫓は佐和口の櫓門でつながり、尾末町から櫓門にいたる中堀に面して高麗門が見える。櫓の中は藩の各役方の役所や蔵として利用され、細工方・御金方・御厩方がおかれていた。藩主が国入りの時、城下の主要櫓を見分するが佐和口櫓（御細工方櫓）にも立ち寄っている。取り壊された右手多聞櫓は、開国100周年記念事業の一環として昭和35年（1960）に鉄筋コンクリートで復元された。

佐和口御門といろは松①

⬆現在のいろは松と佐和口付近。右手が復元された多聞櫓。

⬆昭和18年頃の佐和口付近、櫓門や右手の多聞櫓は
取り壊されている。

⬆埋木舎の前からみる現在の佐和口御門付近。

⬆明治の頃の佐和口多聞櫓と天守。月（着）見櫓はない。

佐和口御門といろは松②

⬆昭和18年頃の佐和口多聞櫓と天守、中掘にはエリが見え、堀の魚を採っていたのであろうか。

⬆現在の佐和口多聞櫓（重要文化財）と天守。

⬆本丸から城下町東南部を望む。中央の白壁が佐和口多聞櫓、その手前が馬屋。現状より西に長く伸びているのがわかる。右手の白壁は現在も残る彦根唯一のなまこ壁が見られる旧脇家屋敷。手前は表御殿跡。(明治43年頃)

本丸からの眺望①

⬇現在の佐和口多聞櫓といろは松、写真左上方がJR彦根駅。
手前が復元された表御殿（彦根城博物館）。

⬆本丸から城下町東北部を望む。佐和口多聞櫓の際の鬱蒼たる木々に囲まれた広大な屋敷は家老木俣屋敷。江戸時代初めに山崎郭にあった屋敷が、その後この地に移った。多聞櫓の一部はこの写真では見られない。中央部の水面が物資の集積地となっていた。（大正６年）

本丸からの眺望②

⬆明治20年に滋賀県立第一中学校の校舎として建てられた木造洋風２階建の瀟洒な建物は、大正４年に彦根公会堂として家老木俣家に隣接した場所に移築された。その後図書館、NHK放送局を経て戦後まで長く文化の拠点であった。

⬆公会堂跡地は現在、金亀児童公園となり、井伊直弼銅像が建つ。中央部の茂みは旧・家老木俣屋敷。

⬆彦根城西の丸から松原内湖を望む。右手前は井伊家下屋敷のひとつ槻御殿と玄宮園、中央には松原内湖が広がり、左上が磯山で、内湖に浮かぶ小島は葦地。

⬅戦中、戦後の食糧不足のため、推進された干拓事業で埋め立てられた松原内湖。県営陸上競技場などの施設が集まり、かつての農地も宅地化が進む。

西の丸からの眺望

⬆西の丸から松原を望む。三つの堀が合流し琵琶湖に結ばれるところ。
写真右上の集落が水主《かこ》町。（大正６年）

千々の松原として知られた景勝地松原は、江戸時代から行楽のため多くの屋形舟が行き交っていたという。フナなど淡水魚の産卵場である内湖とそれにつながる琵琶湖は、優れた漁場でもあった。しかし、大正時代に耕地整理が行われ、畑地を田地にした不用の土で内湖が埋められ、大正12年には港湾が起工、昭和12年に総合運動場、昭和20年に水産試験場ができ、昭和19年から23年の大規模な干拓工事によって内湖は完全に埋め立てられた。今では農耕地も宅地化が進む。

松原湊は米原・長浜湊とともに彦根藩の湖上水運を担い、松原は城下への物資輸送の拠点であり、彦根藩の年貢を納める米蔵や水主衆《かこしゅう》の住む水主町があった。

⬆京橋口御門付近。重臣の屋敷地と第三郭の本町を結ぶ京橋口は、大手御門に通じる要所で、京橋に出る桝形は二重門櫓と多聞櫓で囲まれていた。左白壁の屋敷は川手・池田屋敷と思われる。(明治９年撮影)

⬆現在の京橋。

京橋口①

⬆左手内曲輪の土居石垣にも二重隅櫓が、京橋口御門の右に高麗門が見える。

⬆昭和初期の写真。石垣の上の櫓が取り壊されている。石垣の向こうの屋根は西郷屋敷。
現在は大津家庭裁判所彦根支部になっている。

⬆現在の京橋。

⬆下片原町（現馬場町）から見た京橋。（明治９年頃）

⬆現在の西からの京橋。

京橋口②

⬆彦根城旧観図部分（上田道三画）。中堀の下片原方向から
内曲輪と城山全景が描かれている。

⬆昭和18年頃の京橋。
中堀の中が彦根中学校。

⬆大手門口と大手門橋。（明治９年頃）

大手門付近①

⬆彦根城堀端には昭和の初めから桜の植樹がはじまり、今では1300本の桜が春を競う。（撮影年不明）

⬆現在の大手門橋。

⬆大手御門橋から（撮影年不明）。右手は西郷屋敷、中央奥は滋賀県立第一中学校、のちの彦根中学校の校舎。

⬆旧西郷屋敷の長屋門。その奥に屋敷がみえる（撮影年不明）。

⬆滋賀県立第一中学校。（撮影年不明）

大手門付近②

⬆西郷屋敷の長屋門（撮影年不明）。石垣根元は門柱跡。

⬆現在の旧西郷屋敷長屋門。屋敷跡は現在、裁判所となっている。

⬆搦手《からめて》の黒御門。内堀北面に設けられた櫓門。両翼に築地塀を従えた二重櫓になっているが、写真にかなり手が加えられているために黒御門がはたして二重櫓であったかどうかは疑問が残る。城内から槻御殿（現在の玄宮楽々園）に通じ、槻御殿は黒御門外御屋敷とも呼ばれた。（明治９年撮影）

黒御門付近

⬆昭和18年頃の黒御門。櫓はなく、木製の橋が架かる。

⬆現在の黒御門。戦前はこの付近の堀を水産試験場が使用していたことがあるが、現在は城内への自動車の出入り口となっているので、土盛りされている。

⬆山崎御門口付近。右手の門櫓が山崎御門櫓、左に見える三重櫓は第一郭最北端の山崎郭に築かれた隅櫓で右側には多聞櫓が附属した。（明治9年頃）

山崎御門付近

⬆昭和18年頃の山崎御門口。櫓も橋も見えない。

⬆現在の山崎御門口。

⬆船町口御門付近。内曲輪西南角の船町口は、中堀を利用した舟運の拠点船町付近に設けられ、左側二重櫓が枡形で、中堀に沿って多聞櫓が控える。（明治９年頃撮影）

⬆現在の船町口。藩政当時の町名は下片原、現在は馬場町。

船町口付近

⬆船町口付近。昭和18年頃の撮影。

⬆船町口付近の現状。昭和30年代、映画「青い山脈」のロケ地となった木造校舎は建て替えられた。右上方は西の丸三重櫓。

⬆改修前の埋木舎。井伊直弼が藩主になる前に過ごした屋敷、尾末屋敷と呼ばれていた。（撮影年不明）

⬅現在の埋木舎。

彦根藩士の屋敷 埋木舎

⬇埋木舎の正門（撮影年不明）、下は改修後。

⬆玄宮園から彦根城を望む。右は天守、左は月(着)見櫓(明治9年撮影)。下は現在の玄宮園。

彦根城の北東にある、大池泉回遊《だいちせんかいゆう》式の旧大名庭園は「玄宮《げんきゅう》園」と呼ばれる。4代藩主直興が、延宝5年(1678)頃から普請をはじめた下屋敷の庭園で、大きな池に突き出すように臨池閣《りんちかく》が立ち、築山には賓客をもてなす鳳翔台《ほうしょうだい》があり、樹木・岩石・池を巧みに配し、池の周りは、中国にある洞庭湖《どうていこ》の瀟湘八景《しょうしょうはっけい》にちなんで選ばれた近江八景を模して造られていることから「八景亭」と呼ばれる。井伊家、下屋敷の敷地は表御殿の2倍に相当し、ゆったりとした御座之間を中心に数寄屋風の建物が連なる遊興的な御殿で「槻御殿」と呼ばれる。槻御殿や庭園は、建設当時から再三整備され、直亮の時代に地震の間、御楽々という数寄屋を増築したことから、別名「楽々園」と呼ばれる。

玄宮園と楽々園①

⬆写真手前は玄宮園、右奥は楽々園（明治９年頃の撮影）。上は現状。

⬆玄宮園。左が鳳翔台。写真は大正期のもの。

⬆昭和初期の楽々園正面。料理旅館として民間に貸与されていたが、
平成18年より解体修理がはじまった。

玄宮園と楽々園②

⬇玄宮園図（彦根城博物館蔵）。

⬆上空からの御浜御殿（撮影年不明）（写真：彦根城博物館提供）。文化５年（1808）に直中が松原内湖と琵琶湖の間にある砂州に建てた屋敷。

⬆明治43年（1910）に当時の皇太子（後の大正天皇）の行啓にあたって、西の丸に建てられた迎春館。

御浜御殿

⬆所在地が「千々の松原」と呼ばれたことから御浜御殿は「千松館」とも呼ばれ、藩士が馬術の練習などで使用した。近年まで井伊家の人々が住まいとしていた。名勝指定を受け、まもなく調査がはじまる。写真は昭和30年頃。

⬆現在の御浜御殿の玄関。

⬆大洞弁財天参道入り口付近。内湖には丸子船などが
行きかっていた。（明治38年）

➡現在、松原内湖は埋め立てられ
住宅地になっている。

⬆彦根城から大洞弁財天を望む。山の中腹の建物が
弁財天の建物（大正６年頃）。左は現在。

城下町点描　城と湖①

⬆松原内湖から彦根城を望む。（大正６年）

⬅干拓された農地は近郊野菜の生産がさかんで、ビニールハウスが連なる。

⬆百間橋。佐和山古図でみられる百間橋は長さ300間におよんだといわれるが、写真は干拓前の木造の橋で昭和14年に撮影されたもの。後ろは佐和山。

⬆昭和10年の松原。藩政時代には米蔵が並んでいた。

昭和30年代まで港湾から琵琶湖への水路にかかる橋は、回転橋と呼ばれ、大型化した観光船の航行時には、人力で橋を90度回転していた。水路に沿った町並みは、米蔵が並び、かつての松原湊の面影を残していた。昭和43年に港湾が琵琶湖岸に移り、回転橋は固定橋になり、水主町の面影は次第になくなりつつある。

⬆現在の松原町

⬆昭和２年、彦根港湾の竣工に際して松原港との間の運河ができた。その跨橋《こきょう》として作られた回転橋。

⬆固定橋から旧港湾を望む。

城下町点描　城と湖②

⬆長久寺山から市内の眺望（大正時代）。現在は木々が生い茂り、同様の光景を見ることができない。写真中央が芹川の槻並木、手前が仏壇生産が盛んな芹川町の家並み。

⬆大正期の市内。左手が磯山、右手は東山連山。

⬆現在の宗安寺の黒門。

⬆朝鮮通信使の宿泊所となった宗安寺の黒門。通信使の食材はここから搬入された。

⬆井伊直弼像（撮影年不明）。

⬆現在の直弼像。

都市の記憶をよむ

―彦根の町の歩み―

西川幸治

城下町以前

一・観音霊場・彦根山

まず、彦根城が構築される以前の彦根山についてみてみよう。平安時代の雑芸の歌謡をあつめた『梁塵秘抄』に、

観音験《しるし》を見する寺　清水《きよみず》　石山　長谷《はせ》の御山《おやま》　粉河《こかわ》
近江なる彦根山　間近に見ゆるは六角堂
験仏《げんぶつ》の尊きは　東の立山《たちやま》　美濃の谷汲《たにぐみ》の　彦根寺　志賀　長谷　石山　清水　都に間近き六角堂

とうたわれ、彦根西寺がたつ彦根山は観音霊場としてしられていた。じっさい、彦根山西寺には、寛治三年（一〇八九）一一月、藤原師通が、同一二月一五日には摂政藤原師実が、同二二日には白河上皇が参詣している。この時、観音参詣の霊験はこの年に限るとの噂がながれ、人びとはこれを信じて、京中の貴賤、僧俗をとわず、老若男女が彦根西寺にきそって参詣した。それは「天狗の所為たるの由、世人これを称す」（『百練抄』）といわれるほどの爆発的な熱狂を示したのである。

役行者像（北野寺蔵）

東近江市の有名な天台寺院百済寺《ひゃくさいじ》には、法要につかう銅製の楽器、鐃鉢《にょうばち》（二枚の皿形をうちならす）一対と、銅羅《どら》があり、その銘文によると建長八年（一二五六）八月、彦根寺の僧義光により施入されたとある。鎌倉時代の彦根寺をものがたる史料である。また、彦根寺の法灯をうけつぐ北野寺には、役行者《えんのぎょうじゃ》の木像がある。その墨書銘には、応永一七年（一四一〇）一一月から翌年一〇月にかけて、彦根寺に安置するために制作されたことが記されている。役行者は七世紀末、大和の葛城山にこもって修行した呪術者で、世をまどわす妖言をはいたとして伊豆に流されたという。右手に独鈷《どくこ》の金剛杵《こんごうしょ》、左手に錫杖《しゃくじょう》をもち、高い下駄《げた》をはいたこの役行者の木像は、

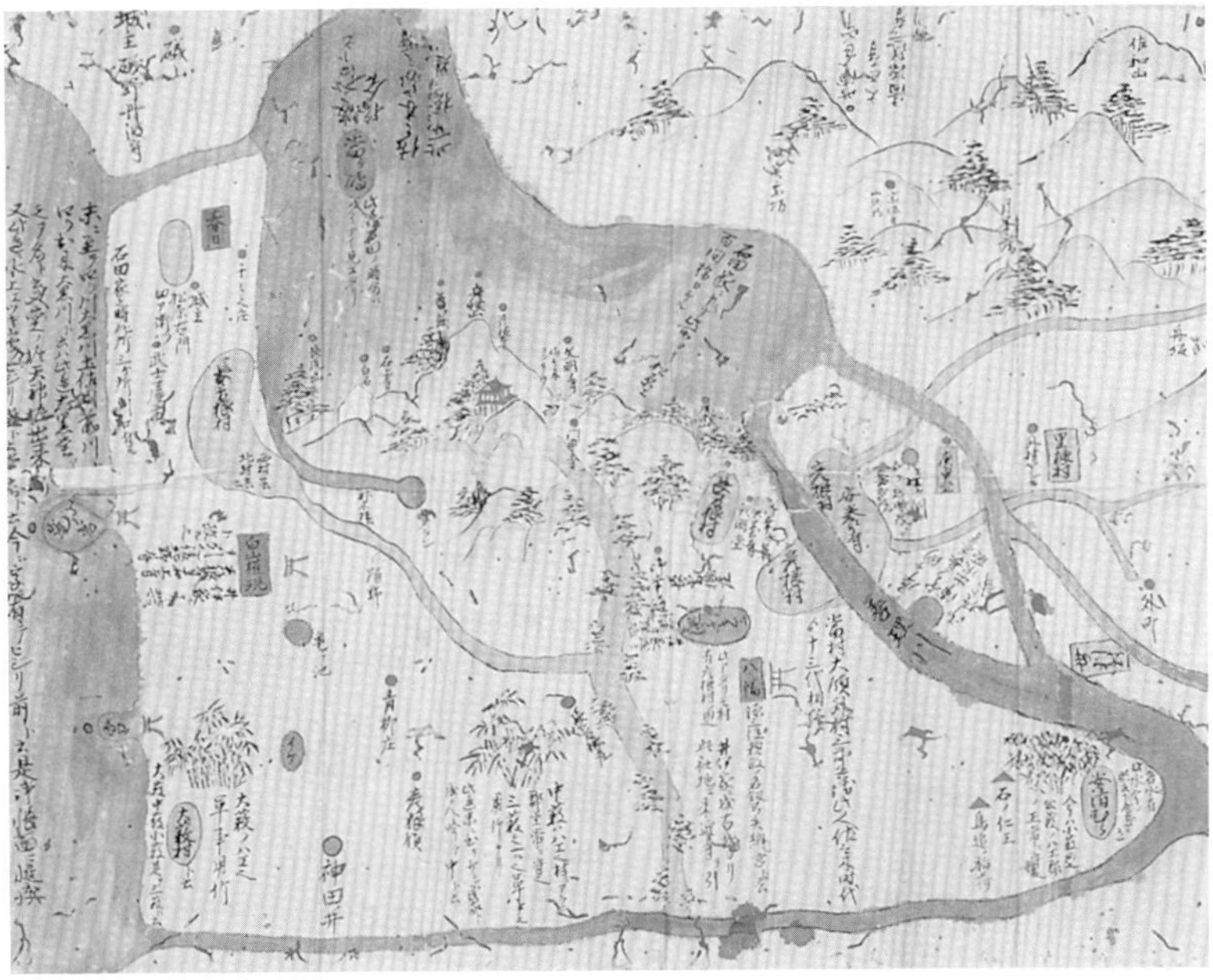

彦根御山絵図　右部分　江戸時代中期写（彦根市立図書館蔵）

観音信仰の霊地としてしられた彦根山が修験道の山伏たちにとっても修行の場として大きい役割をはたしていたことを示している。

ところで、彦根城構築以前の状況を示した古図がある。江戸時代のはじめ、井伊直政の家臣花居清心が描いたといわれる「彦根古図」である。この「彦根古図」をみると、古くから里根・彦根・長曽根の「三つ根」とよばれた地に、世利《せり》川（もと芹川）が大きく湾曲して松原内湖に流れこんでいる。

この松原内湖を背にして、彦根山が峨々としてそびえ彦根寺とその観音堂が描かれ、門甲寺、立花寺、白石なども記入されている。この彦根山が観音の霊験のあらたかな霊地であり、修験道の修行の場であった往時をしのばせる。彦根山の南には渕が点在し、この辺りが世利川の氾濫する湿地であったことがわかる。彦根山から南へのびる並木のならぶ御幸道が描かれている。白河上皇の彦根寺参詣を記念したものであろう。御幸道は「今の巡礼街道」だと記されている。観音信仰の霊場への巡礼の道であったのである。

この巡礼街道は、いまベル・ロードともよばれている。ベル・ロードにたちならぶ街灯には、その尖端に鐘がつけられ、行きかう人に時をつげている。この鐘は、かつて巡礼街道を往来した参詣者たちがうちならした錫杖《しゃくじょう》とすずの先をかざる環をかたどったものだという。私たちは、今、耳をそばだてて、ひとみをこらし、想像力をはたらかせば、かつてこの巡礼街道を参詣者の列と、観音霊場としてしられた往時をしのぶことができる。

二．佐和山城とその城下

中世も末期になると、湖東平野をめぐる戦雲はしだいにはげしくなった。戦国動乱の世にあって、京都へ上洛し、天下に号令しようとする戦国の武将にとって、近江はその関門として重要な地であった。戦国武将たちは覇《は》権《けん》を争って、近江の各地に城郭を構築し、ここを拠点として城下町の建設をめざしていた。いっぽう、戦国動乱のなかで、みずからの生活の場をまもるために、自衛と自治をめざした町づくり、村づくりが近江の各地ですすめられていた。

中山道に面した佐和山には、早くから攻防の拠点として城砦が築かれた。とりわけ、観音寺城を本拠とした六角氏と小谷城を本拠とした浅井氏との対立はきびしかった。永禄四年（一五六一）、佐和山合戦に六角義賢《よしたか》は敗退し、浅井長政はその家臣磯野員昌《かずまさ》を佐和山城主とした。戦国の動乱のなかで、武将たちの転変はまことにはげしかった。浅井長政は織田信長と緊密に協力していたが、やがて越前の朝倉義景と同盟を結び、信長に反旗をひるがえした。磯野員昌は浅井長政にしたがった。元亀元年（一五七〇）六月、信長は家康とともに、姉川の合戦で浅井長政を破った。磯野員昌は佐和山城へとり返し、籠城し、信長の軍に抵抗した。『信長公記《しんちょうこうき》』をみると、

七月朔日、佐和山へ御馬を寄せられ、取詰め、鹿垣《ししがき》（枝のついた竹や木でつくった垣で敵の攻撃を防ぐために砦のまわりにめぐらした）結わせられ、東百々屋《どど》敷御取御付けられ、丹波五郎左衛門（長秀）置《い》かれ、北の山に市橋九郎右衛門、南の山に水野下野、西彦根山に河尻与兵衛、四方より取詰めさせ、諸口の通路をとめ

と記している。佐和山城を包囲する態勢がとられ、彦根山にも砦がおかれたことがわかる。東の百々屋敷は現在の鳥居本、北の山は磯山か物生山《むしやま》、南の山は平田山か里根山にあてられている。佐和山城を攻撃する包囲の砦がめぐらされたのである。しかし、佐和山の守りは固く、籠城はつづいた。この籠城のようす、その結束をはかった定書などが、浅井氏の被官であった嶋氏によって『嶋記録』としてのこされている。約八ヶ月にも及ぶ籠城ののち、翌年の二月二八日、磯野員昌はついに降参し、城を明けわたして高島へ退いた。信長は家臣・丹羽長秀を城代として佐和山においた。

信長と佐和山

佐和山攻略によって湖東から湖北へ、信長はその威武を示し、勢力をひろげていた。信長は佐和山にでかけ、丹羽長秀、河尻秀隆らの部将に命じて敵対する鯰江《なまずえ》城などを攻め、一揆してたてこもり抵抗する郷民を襲い、その集落を焼きはらい、石山本願寺に協力し加担した高宮右京亮の一族を捕え、処刑し、近江での地盤を固めていた。また、度かさなる京都への上洛にさいし、岐阜城を本拠とした信長は、その往来に佐和山を中継拠点として滞在した。佐和山で休息し、早舟で坂本に向かったり、坂本から明智光秀の用意した舟で佐和山に向かったが、途中で風がでて常楽寺（今の安土町・もと観音寺城・安土城の外港）に上陸、陸路で佐和山へ、翌日岐阜へ向かうこともあった。

元亀四年（一五七三）四月の義昭の挙兵を征圧した信長は、再度、義昭が挙兵する時には、湖を境として防御線をひくであろうとかんがえ、これを突破するために、大軍を一気に美濃から京都へ運ぶ手段として、大船の建造を考えた。『信長公記』には、

> 五月二二日、佐和山へ御座を移され、多賀・山田山中の材木をとらせ、佐和山麓松原へ勢利川通り引下《ひきおろ》し、国中鍛冶《かじ》・番匠・杣《そま》を召寄せ、御大工岡部又右衛門棟梁にて、舟の長さ三〇間・横七間、櫓を一〇〇挺立てさせ、艫舳《ともへ》に矢蔵をあげ、丈夫に致すべきの旨仰聞せられ、在佐和山なされ、油断なく夜を日に継仕候間、程なく、七月五日出来おわんぬ。事もおびただしき大船上下耳目を驚かす。案のごとく

と記されている。

多賀の山からきりだした材木を勢利《せり》川（もとの芹川。大きく湾曲して彦根山の東へ流れこんでいた）を通じて、松原内湖へ運び、巨大な輸送船を建造しようとしたのである。近江の国中の鍛冶《かじ》、番匠（大工）、杣《そま》（きこり）を動員し、長さ三〇間（約六〇メートル）幅七間（約一四メートル）櫓一〇〇挺をそなえ、ともへに矢蔵を設けた巨船の建造が松原内湖をドックとし、松原を造船所として着手された。昼夜をわかたず工事がすすめられ、一ヶ月余をついやして七月五日、「上下耳目を驚かす」巨船が完成したのである。信長の意図は実現した。

七月三日、義昭はふたたび挙兵し、信長は完成した巨船で、風をおして坂本まで軍団を輸送し、一挙に反抗を鎮圧し圧倒した。

信長は湖上輸送ばかりでなく、陸上の交通にも強い関

心を示した。『信長公記』をみると、

江州勢田の橋、山岡美作守・木村次郎左衛門両人に仰付けられ、若州神宮寺山・朽木山中より木材を取り。（天正三年）七月一二日吉日の由候て柱立。橋の広さは四間、長さは一八〇間余、双方に欄干をやり、末代の為に候の間、丈夫に懸置くべきの旨仰付けられ候。天下の御為と申しながら住還旅人御憐愍なり

とつたえている。天下一統をめざした信長は湖上と陸上をいとわず、その交通系統の整備に大きい関心を示し、積極的な姿勢をもってその整備に努めた。佐和山はこの交通体系のなかで重要な位置を占めていたのである。

なお、佐和山の麓・松原で建造された巨船は、たしかに義昭挙兵のさいに利用されたが、その後、使用されることなく、天正四年（一五七六）信長は猪飼野《いかいの》甚介に命じて「早船一〇艘に改造された」と、『信長公記』に記されている。巨船を建造し、これを活用することは、問題が多かったようだ。昔の「巨艦」主義の運命といえよう。

天正四年、安土城が築かれ、信長の本拠となると、佐和山城の中継拠点として、また戦略的位置にも変化があらわれたようだ。しかし、先年の発掘調査でその構成が明らかになった山崎をみると、

（天正一〇年）四月二一日、濃州岐阜より安土へ御帰陣の処に、……柏原に御茶屋立て、菅原九右衛門一献進上なり。佐和山に御茶屋栫《こしら》へ、惟住五郎左衛門一献進上。山崎に御茶屋立置き、山崎源太衛門一献進上候なり。今度、京都・堺・五畿内、隣国の各《おのおの》はるばる罷《まか》り下り、御陣御見舞の面々、門前市をなす事に候。路次中色々進物員を知らず上覧に備へ、誠に御威光有難き御代なり

と記されている。この記述から、山崎の砦が、佐和山と安土を結ぶ中継の拠点としての役割りをはたしていたことがわかる。先年の市教委の発掘調査でその構成が明らかになった。先にみた瀬田大橋が完成した天正三年（一五七五）一〇月一二日に、

勢田の橋出来申すに付いて、御一見なさるべきため陸《くが》を御上京。事もおびただしき橋の次第なり。各《おのおの》耳目を驚かされ候。然して摂家・清花（摂家につぐ家がら）・隣国の面々等、勢田・逢坂・山科・栗田口辺りに御迎衆みちみちて崇敬斜めならず

とあるように、武威によって新しい時代をきりひらこうとする意図は着実に実現し、信長は天下人として地位を目前にしていたのである。人びとは信長の武威におののきつつ、「天下布武」の世の到来を予感していた。

石田三成と佐和山

天正一〇年（一五八二）六月、本能寺の変によって、信長の天下統一の構想は断たれた。かわって、秀吉が登場し、「天下人」の地位にたった。秀吉は堀秀政を佐和山城主とし、ついで堀尾吉晴を城主に任じた。天正一八年（一五九〇）七月、石田三成が佐和山城主として、犬上・坂田・浅井・伊香の四郡を支配することになった。三成は秀吉の五奉行の一人として、その政治経済的手腕を発揮していた。たしかに、丹波長秀・堀秀政・堀尾吉晴とうけつがれた佐和山城は戦闘本位の砦の性格がつよい城であった。この佐和山城に領内の農民を動員して、三成は「佐和山惣構」の普請をおこしたのである。

佐和山城はその様相をあらため、機能を大きく変えた。城をその位置と形態から、山城・平山城・平城に類型化されるが、佐和山城は山城の性格がつよかった。また、江戸時代の軍学者は、城をその機能から堅固三段「城堅固の城」「所堅固の城」「国堅固の城」に分類している。佐和山城は三成の改修によって、戦闘本位の軍事的拠点「城堅固の城」城砦から、領国支配の拠点としての城郭「国堅固の城」へ移行する過程での過渡的な形態としての「所堅固の城」ということができよう。

ところで、佐和山城の構成を明確に示す資料は少ない。江戸時代の中期ごろの伝承をもとに作成されたとみられる『佐和山古図』や『彦根《ひこね》并《ならびに》近郷《こんごう》往古《おうこ》聞書《ききがき》』などの資料を参考にして、現地の踏査を通じての成果をもとにかんがえてみよう。

佐和山城は、琵琶湖の湖面からの比高約一三六メートルの佐和山に築かれた山城で、東の鳥居本にむけてひらけた谷筋を大手とし、南北にはしる東山道（中山道）に面し、西の松原内湖に面した地を搦手《からめて》としていた。佐和山の頂部に構えられた本丸には天守がそびえていたが、今は過去をしのばせるなんの痕跡も見いだせない。彦根城築城のさい、石垣を移し、七〜九間も切り落としたと伝えられているが定かではない。

ただ、本丸の南東隅をかぎるとみられる石垣の列が発見され、これを追跡して調査をすすめれば、本丸の構成を示す石垣の基部を明らかにすることができるかもしれない。この本丸に、一丈五尺（あるいは一丈五尺）・七・五（四・五）メートルの石垣の上に、「五重の天守」

が築かれ、その大棟をかざる「鯱鉾《しゃちほこ》など曇り候時は見え申さず候高さ」であったと『聞書』はつたえている。また、元禄一五年（一七〇二）「源平合戦」と一対の絵馬として西明寺に奉納された「佐和山合戦図絵馬」には、五層の天守がえがかれており、これが佐和山城の天守だといわれている。「二の丸」は本丸の北に、三成の兄正澄が住み、のち井伊家の家臣木俣《きまた》土佐守がいたので土佐殿ともよばれた。「三の丸」は屋根づたいに「二の丸」

佐和山古図（彦根城博物館蔵）

につづき、ここに島左近が住んでいたという。井伊家の家老中野越後守が住み、越後守丸ともいわれた。さらに、「美濃殿丸」には家老広瀬美濃守が住み、「太鼓丸」には家老山田嘉十郎が住み、「本丸」をかこんで重臣たちの屋敷がならんでいたという。「腰曲輪」は有事のさいの人質をおく場だったとも伝えられ、「千貫井」はかれることのない名水でしられ、城中の給水にあてられていたという。「塩焇蔵」には、すでに鉄砲が主な武器となっていた当時、その塩硝を収納する倉庫がおかれていたようだ。「女郎ヶ谷」は落城のさい、「塩焇蔵」にかけられた火が、本丸・天守に及び、土台とともに爆破され、女衆の泣き叫ぶ声がひびき、多数の死者がでた阿鼻叫喚の谷だといわれる。

　今、佐和山城の往時をしのぶ痕跡をみいだすことはむずかしい。多賀町大滝につたわる「かんこ踊」の歌に、

おおれは都の者なれど、近江佐和山見物しょ
大手のかかりを眺むれば　金の御門に八重の堀　まずは見事なかかりかよ
御門をはいりて　この又かかりを眺むれば　八ッ棟造りに七見角《ななみかど》　まずは見事なかかりかよ
うらの御門まず出て　北を眺むれば　すそはみずうみ

やや見事
よい城よ　見事な城よ堀ほり上げて　せきしょをうえて　せきしょに花が咲きしならば　この堀ほりは花ざかり

とうたわれている。佐和山城の構成を示すものとして注目される。

佐和山城下の大手をみると、今にのこる大手門跡の両側には、堅固な土居が築かれ、その構成がよく保存され、土居をめぐる堀もその形をよくとどめている。大手門跡から佐和山城を望む景観は中世末から近世にかけての歴史的景観を形づくるものとしてすばらしい。大手門跡をめぐる土居の内側には、武家屋敷がならぶ家臣団の居住区を形づくっていたようだ。土居の外側には、本町の町屋や寺屋敷、足軽町がならび、鳥居本宿の町なみにつながっている。佐和山の城下の調査は、この大手門跡の辺りから手がけ、その構成を明らかにし、史跡として顕彰しなければならない。

松原内湖に面した搦手をみると、三成の居館をはじめ、城米蔵、馬屋などがならび、民家屋敷もおかれ、家臣団の居住区を形づくっていた。武士の居住区は大手と搦手にわかれていたようだ。石田三成の屋敷は、佐和山城の背面、内湖につながる「モチノ木谷」にあったという。平戸藩主松浦静山の『甲子夜話《かっしやわ》』には、

佐和山落城の後、石田は十八万石なれば居所もさぞ華麗ならんと人視《み》たるに居所は皆荒ら壁にて上はぬりせしはなく屋中は多く板張りのままにて庭中の樹など植《うえ》たる物好なく、手水《てうず》ばちなども粗末なる石のさま成りしかば、人々案外に有しとぞ、三成が所存を考れば倹約なる計《はかり》には有らで

と、三成の居館のようすを伝えている。一八万石の三成の居館にしては粗末で豊臣政権の中枢で活躍した三成は佐和山を、「仮りの処」とかんがえていたようだ。いずれにしても江戸時代の大名居館とは異なり、戦国の武将の居館のようすを示すものとして興味深い。

古図には、搦手の大洞から、松原にかけ「百間《ひゃっけん》橋」がえがかれている。松原には武家屋敷のほかに蔵屋敷がおかれている。かつて、信長の巨船建造の造船所となっていた松原が、三成の時代には物資輸送の基地となっていたようだ。物資は松原から「百間橋」を通じ、屈折して内湖の中ほどから「大海道」と記された堤防を通じて、佐和山の城下へ運ばれたようだ。「三成に過ぎたるもの

が二つある。嶋の左近と百間の橋」ともうたわれたのが、この百間橋である。なお、第二次大戦の末期、松原内湖の干拓工事のさい、大洞に近い湿地から「百間橋」との銘をきざんだ橋の標柱が発見され、現在、豊郷町の豊《ゆたか》会館に保管されている。

佐和山城下の生活をものがたる貴重な記録がある。石田三成の家臣で知行三〇〇石の武士山田去暦の娘おあむの物語である。『おあむ物語』には、

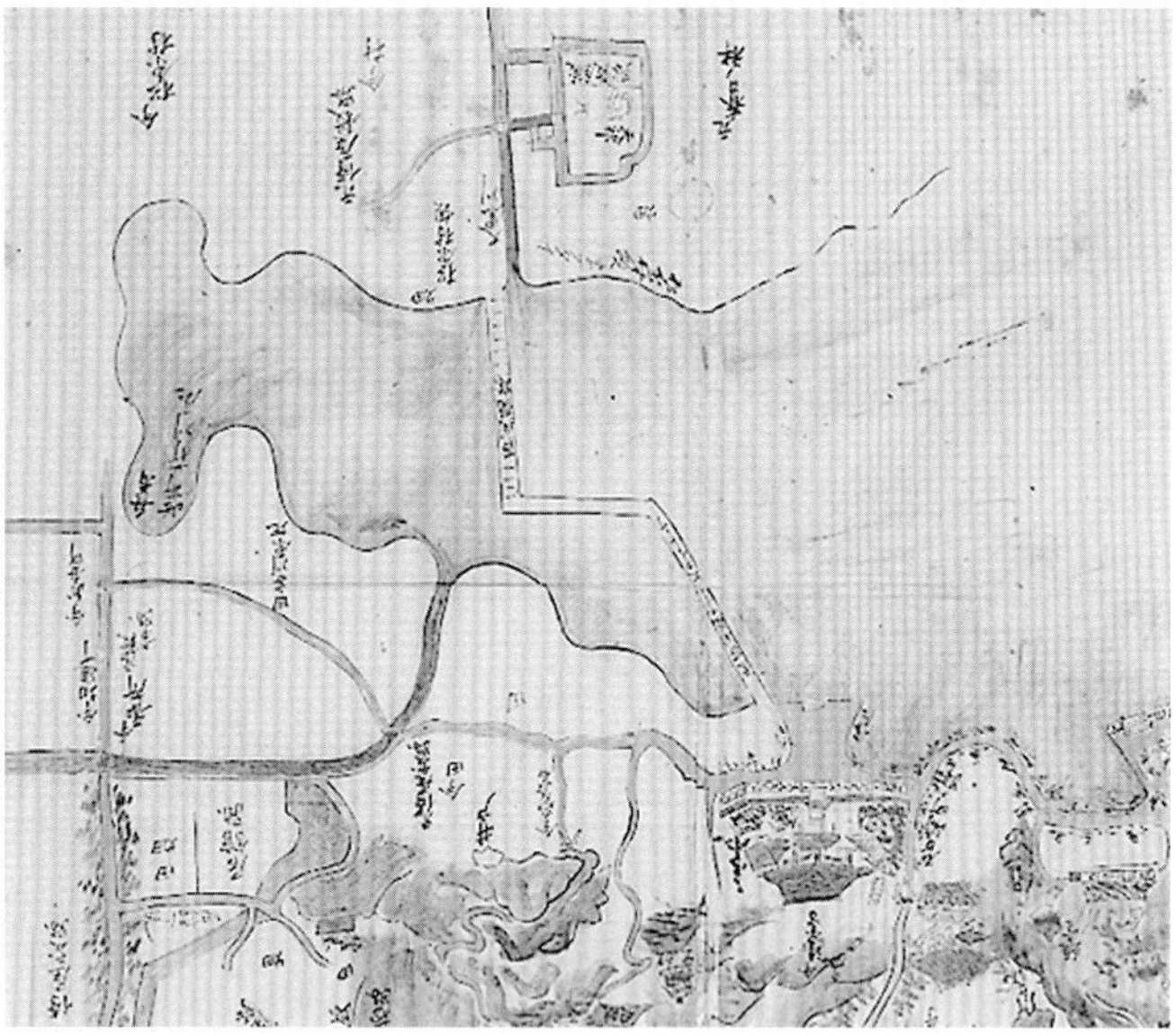
「佐和山古図」に描かれた百間橋

おれが親父《しんぷ》は　知侍三〇〇石とりて居られたが、その時分は軍《いくさ》が多くて、何事も不自由な事でおじゃった。勿論　用意はめんめんたくはへあれども、多分、あさ夕雑水《ぞうすい》をたべて　おじゃった。おれが兄様は、折々山へ　鉄砲をうちにまいられた。その時に、朝菜飯《なめし》をかしきて、ひるめしにも　持たれた。その時に、われ等菜飯《なめし》をもろうてたべておじゃったゆえ、兄様を　さいさいすすめて鉄砲をうちにいくとあれば、うれしうてならなんだ。衣類《いるい》もなく、おれが一三の時、手作りのはなぞめの帷子《かたびら》一つあるよりほかには　なかりし。そのひとつのかたびらを一七の年まで着たるよりて、すねが出て難儀にあった。せめて　すねのかくれるほどの帷子ひとつ　ほしやと　おもうた。このようにむかしは　物事ふ自由な事でおじゃった。また昼飯《ひるめし》などくうという事は夢にもないこと、夜にいり、夜食という事もなかった。

と、佐和山城下の生活をしのび、昔のさとをよくかたり、「彦根ばば」といわれた。往時をしのぶのを「彦根をいう」といわれた老婆のものがたりで、当時、一日二

百間橋と佐和山（撮影年不明）

百間橋の標柱

食で朝夕も雑水という食生活で、佐和山城下の生活はきわめてきびしかった。
佐和山では、城下町の都市生活はまだうまれていなかったようだ。彦根城下町の建設で、都市生活は大きく展開した。

彦根城の建設

井伊軍団の進駐

慶長五年（一六〇〇）九月、関ヶ原の戦いは東軍の勝利に終り、佐和山城は井伊直政・小早川秀秋らの攻撃をうけ、火をかけられ「城内の者討死落失《おちうせ》、行方知れず」という状態となり、落城した。その軍功により、井伊直政は一八万石の大名として佐和山に進駐した。

直政は佐和山の西、磯山に城郭を移築しようとしたが果たさず、慶長七年病没した。『徳川実紀』には

旧主直政磯山に城築かんと請置しかど磯山はしかるべしとも思はれず沢山城より西南彦根村の金亀山は湖水を帯て　その要害磯山に勝るべし

と彦根・金亀山への移築が決定したと伝えている。当時の伝聞を記録した「当御城下近辺絵図附札写」（附札写と略記）「近江彦根古代地名記」（地名記と略記）を参照してみてみよう。

慶長六年（一六〇〇）春、佐和山進駐当初、直政は「古城に残る御殿」に、家臣たちは「古城の残り家」を割りあてられ、慶長九年直勝公の時代になって「惣引越し」がはじまった。「五重の天主」がたっていた「石田の本丸」は九間切落とされ、佐和山はその様相を大きく変えた。

変貌したのは佐和山だけではなかった。旧来の景観や過去の伝統は否定され、新しい城下町の建設が強力に推し進められたのである。『花井清心彦根古絵図註』には、「古城大手並に裡手《うらて》ともに城下にて有りし分」は「一々潰《つぶ》し田地に仰せ付けられ」「その辺に有て訳なき神社仏閣は一々破却仰せつけられ」、いっぽう、新しく城下となる「彦根山辺にても彦根村は御潰しありて場所お取上げあり、又所替仰せ付けられしもあり」「その上この辺より里根辺までにて数多くの神社仏閣古跡に至るまで一々御潰《つぶ》し遊ばされたり」と記されている。彦根村もとりつぶされ、居住していた百姓たちは移転を強制され、なかには城下町の町人となった人もいると伝えられている。また、「村方の古き書物水帳の類までも、残らず御取上げあり、古代より致し来りたる神事祭礼仏事に至るまで、書付指上げ候やうにと仰せ付られ」「神事祭礼一々御停止仰せ付けられたり」とも記され、「石田家の

噺《はなし》を致すこと厳しく御停止《ちょうじ》、古城辺の物語りまでも御発度《はっと》（禁止）」と伝えている。今も、彦根には近江の他の地域に比べて中世の古記録が極端に少なく、祭礼行事がそれほど盛んでないのも、こうした事情に起因しているのかもしれない。

こうした強行は「織田信長当国へうち入り給ひ、国司郷士はいふに及ばず、天台、一向の寺院に至るまで一々打潰して灰葬となし給ふ」「これまで武威をふるひし城主、郷士、或ひは討死し、又は落失し一々断滅に及び」（地名記）とあるように信長・秀吉・家康らに一貫した政策であった。戦国武将にとって、自治と自衛をめざした町衆や郷民たちの町づくり、村づくりの動きは天下布武をめざす戦国武将にとって否定し克服し圧倒すべき対象にすぎなかった。

じっさい、「古代正法寺に西法寺といふ寺あり、此てらは三郷の惣堂にて春秋郷士ら惣集会して年中行司を定し所といふ」（地名記）とあるように、中世末には彦根周辺にも郷民たちの自治的な惣の結合がすすんでいたことがわかる。こうした中世を通じて培われた民衆の結合は、城下町の建設にあたって否定されたのである。「村方御潰し神社破却仰せ付られたるその役に、戸塚佐大夫、内山太左衛門、大鳥居玄蕃、松原与兵衛、河野六兵衛、野呂助三、真壁五左衛門、この七人也。根本、東照宮より上意ありし事と見へて、御領分の外までも廻り、数多の神仏、社堂を潰せし由」（同上）と記され、幕府の尖兵として井伊軍団はその藩領をこえて武威を示していたことがわかる。たしかに「その外南の郡常楽寺村には本願寺の小寺あり、大人数集まって法事語りの由、催し候儀相聞へ、御他領なれども、当家（井伊家）より御役人遣《つか》わされ、御吟味（取調べ）あり、その中の頭人（かしら）といふは矢走浦の船人にてありし由の所、三人御仕《し》置《おき》（死刑）にあひしといふ。その時この事に懸りし坊主も御仕置に極り、彦根より参りたる人は安間藤九郎といひ伝ふ」（同上）とあり、また「神君《しんくん》（家康）より直政公直勝公へ上意《じょうい》（命令）とて佐和山辺よりその外領分中、南八幡あたりまでの内、氏子これ無き神社、旦那なき寺院は一々破却仰せ付られ御役人廻りて取潰たり、又郷町にこれまで伝来とて所持の書物、水帳の類まで御取上げこれあり、その外これまで例格《れいかく》（きまり）とて有りし神事、祭礼、仏事、修法、説法、悉く御停止ありし由、もし郷中などにて訳ある神事などは大庄屋又は役人の請合これなくては御免なかりし由、その余俗家にも伊勢講、頼母子《たのもし》、参会・遊興の類、すべて大人数集会する事堅く御法度《はっと》なり」（同上）とあるように、人びとが集会し集団で行動することは、いかなる形であってもきびしく禁止されたのである。しかも、井伊軍団はその藩の領域をこえて、武断的に人びとの行動を規制していたことがわかる。中世末期に、近江の各地にくりひろげられた自治と自衛をめざしての地域的結合・町づくり村づくりの動きは解体された。近江にめざましく展開していた自治の動きを制約し、戦国の乱世をのりこえ、武力をもって天下に安定をもたらそうという意図が示されている。井伊軍団は江戸幕府の尖兵としての役割をになわされていたのである。ここに、彦根城下町建設の幕府の意図もうかがうことができる。

もっとも、「その後、治世うちつづき、公儀（幕府）御仕置（とりしまり）も弛《ゆる》みたる故に、直澄公御代（万治二・一六五九—延宝四・一六七六）に至り、神事、仏事とも古代の如く御免ありしという」（同上）とあるように、幕府の体制も安定し「徳川の平和」が確立されてくると、伝来の神事や仏事にたいする規制は次第に緩和された。

彦根城の構築

彦根城の位置は中山道からはややはなれるが、野州で中山道から分かれ近江八幡、安土と琵琶湖岸近くをはしる朝鮮人街道をバイパスとして整備し、鳥居本で中山道とつながっていた。また、米原から北国街道で北陸とも結ばれていた。陸上交通を扼する位置を占めていたことになる。いっぽう、西は琵琶湖に面し、佐和山城の外港であった松原湊を整備し、長浜、米原とならぶ彦根三湊とし、湖上交通を監視する役割をはたしていたのである。

彦根城は近江から京都・西国への押えの拠点として枢要な位置を占めていたのである。徳川譜代の雄藩として酒井・本多・榊原とならぶ「徳川四天王」の一つと数えられた井伊家の居城として、彦根城の構築は幕府にとってもきわめて重要なことであった。幕府は慶長八年（一六〇三）公儀御奉行に山城忠久、佐久間政実、犬塚平右衛を命じ、築城の工事を監督させ、役夫は伊賀（上野藩）、伊勢（桑名・津・亀山・神辺藩）、尾張（清州・犬山藩）、美濃（大垣・加納藩）、飛騨（高山藩）、若狭（小浜藩）、越前（福井藩）など、七国一二大名に割当てられた。藩内で、横地吉晴、石原吉次、孕石泰時、早川幸豊を縄張、富士喜太夫、伴加右衛門、加藤金左衛門を普請奉行、宇津木新九郎、横内弥左衛門を作事奉行、浜野喜兵衛を大工棟梁に命じている。

築城の工事は慶長八年（一六〇三）にはじまり、元和八年（一六二二）に及んでいるが、大坂の陣をはさんで前後二期に分けられる。当初、「一重構の御城にて所々カキアゲにてこれ有り」（附札写）と記され、第一期工事は内堀でかこまれた第一郭の本丸、鐘丸の部分だけで、堀を掘った土をかきあげて土塁にしただけの掻上げ城の形であったらしい。やがて直孝が大坂の陣の軍功もあって、三〇万石の大大名となると、築城の工事は進み、城郭は整備された。

築城の工事は先にもみたように、幕府の強大な権力を背景にして各地の労力を動員してすすめられた。まず、彦根山にあった彦根寺・門甲寺は山下に移され、北野寺・聞光寺となった。彦根山の稜線をならし、周辺の敏満寺（多賀町）・布施寺（長浜市）などの古寺、大津・佐和山・長浜・小谷・安土などの古城から石など古材を運び構築の工事がすすめられたという。『井伊家年譜』には、

天守閣東面（明治９年撮影）

天守台ハ尾州衆、鐘ノ丸廊下橋近所、高石垣ハ越前衆、築候由
惣テ石垣ノ石櫓門等マデ、佐和山・大津・長浜・安土の古城ヨリ来ル
西丸出郭ノ石垣ハ坂本ヨリ召抱エラレ候穴太此築

とあり、天守台の切石積は尾張の石大工、天秤櫓の辺りは越前の石大工、西の丸出郭は坂本の穴太《あのう》衆によって築かれたと記され、各地の技術者が動員されたことがわかる。

城郭の構成をみると、天守閣がたつ本丸を中心に、東に一郭、さらに天秤櫓・廊下橋をへだてて鐘の丸、西に西の丸、空堀をへだてて人質郭とよばれる一郭、さらに西に低く山崎郭が内湖に突きでている。山麓をみると、鐘の丸の東北に表御殿、北・西・南の山麓に武器庫・米倉などがおかれていた。

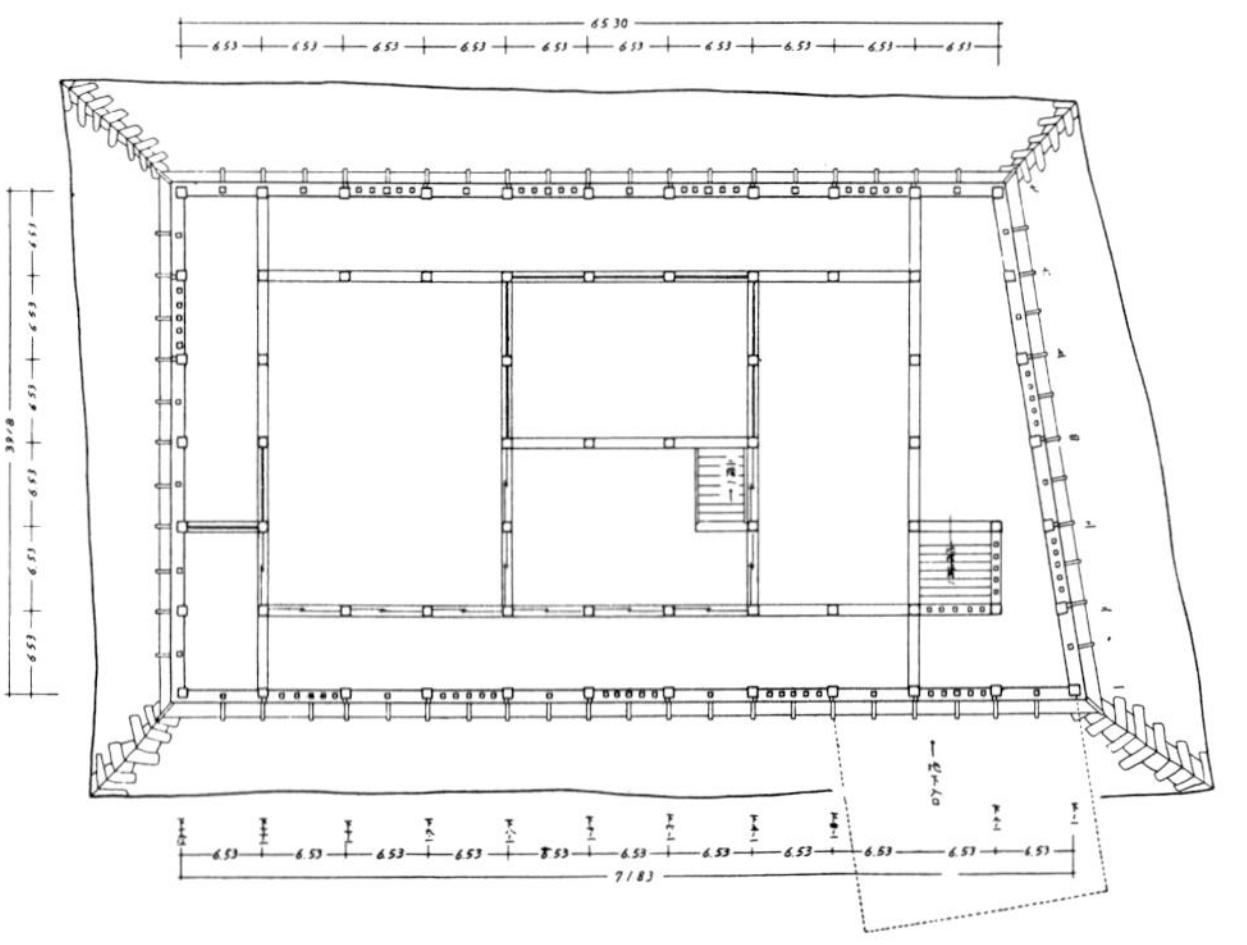

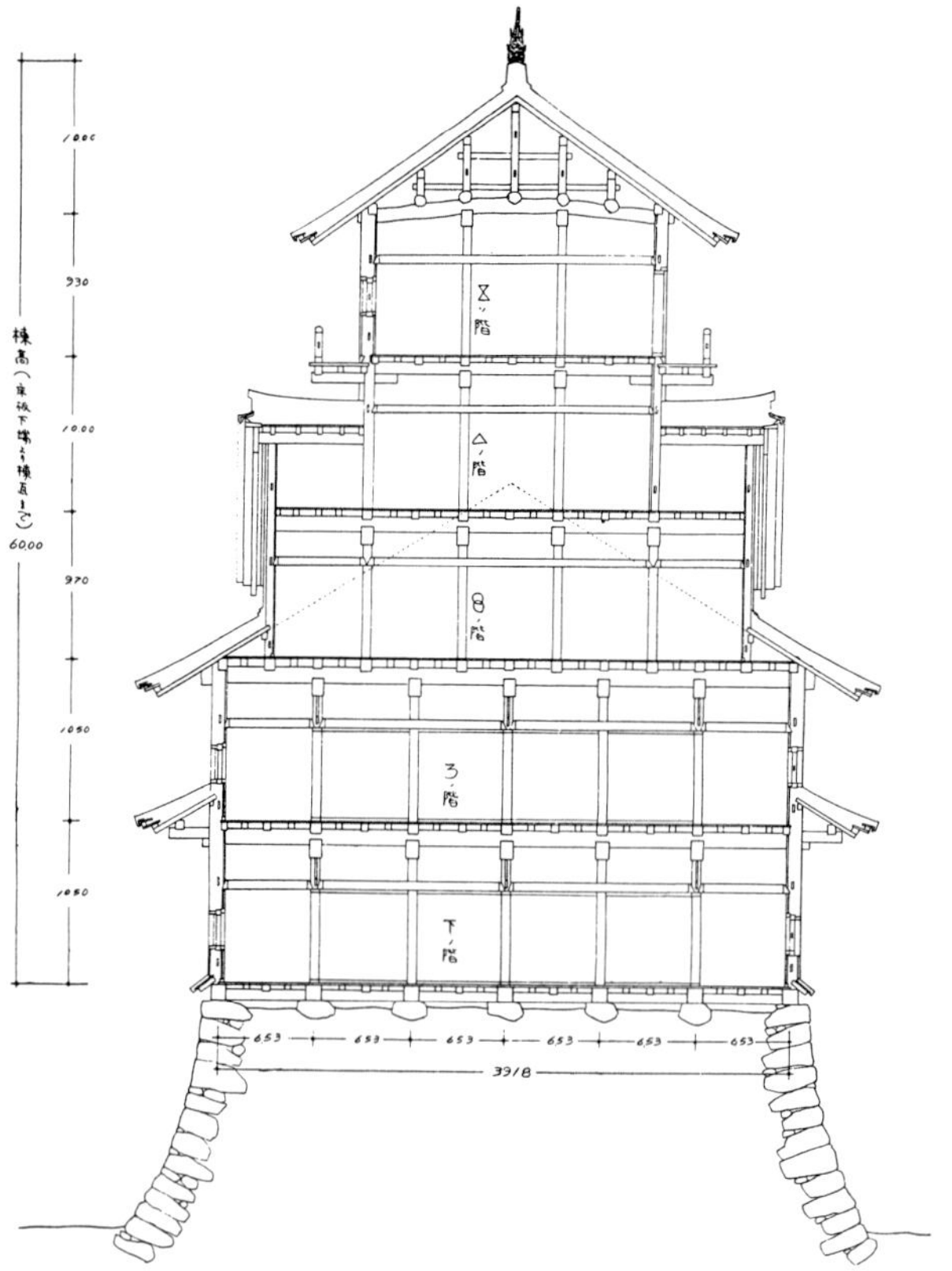

図1　前身建造物（伝大津城天守）推定復元図

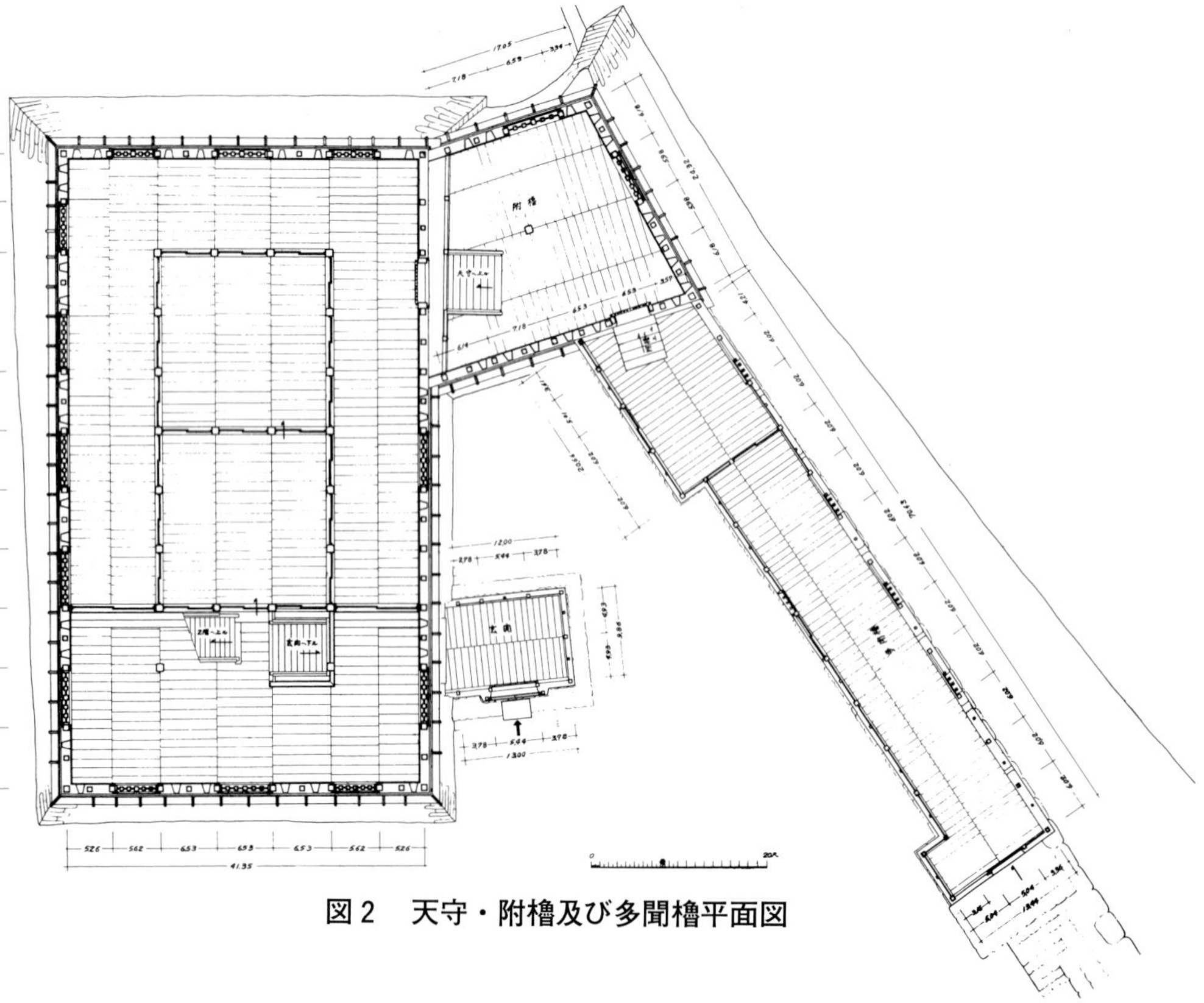

図2　天守・附櫓及び多聞櫓平面図

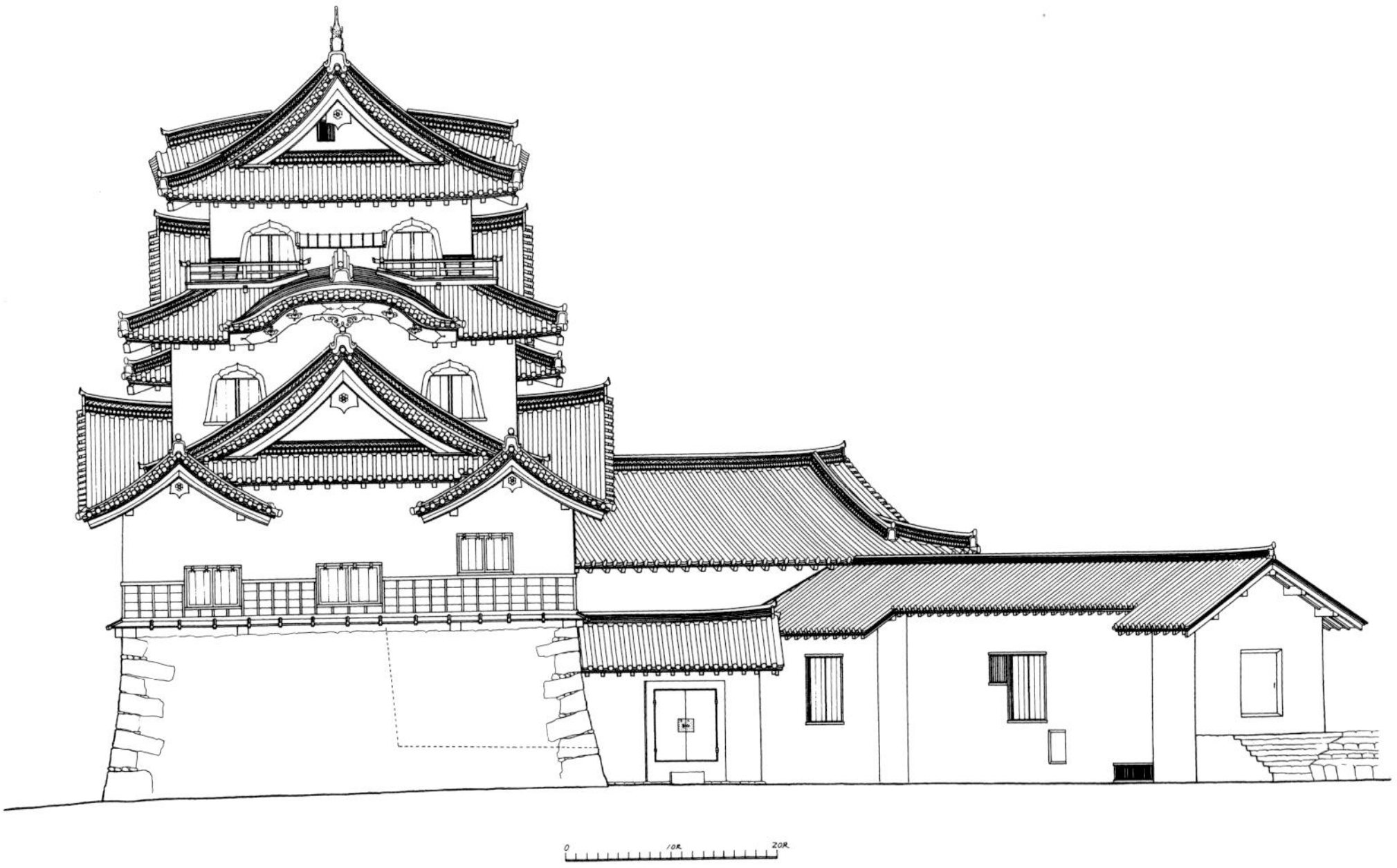

図 3　天守閣　東面立面図

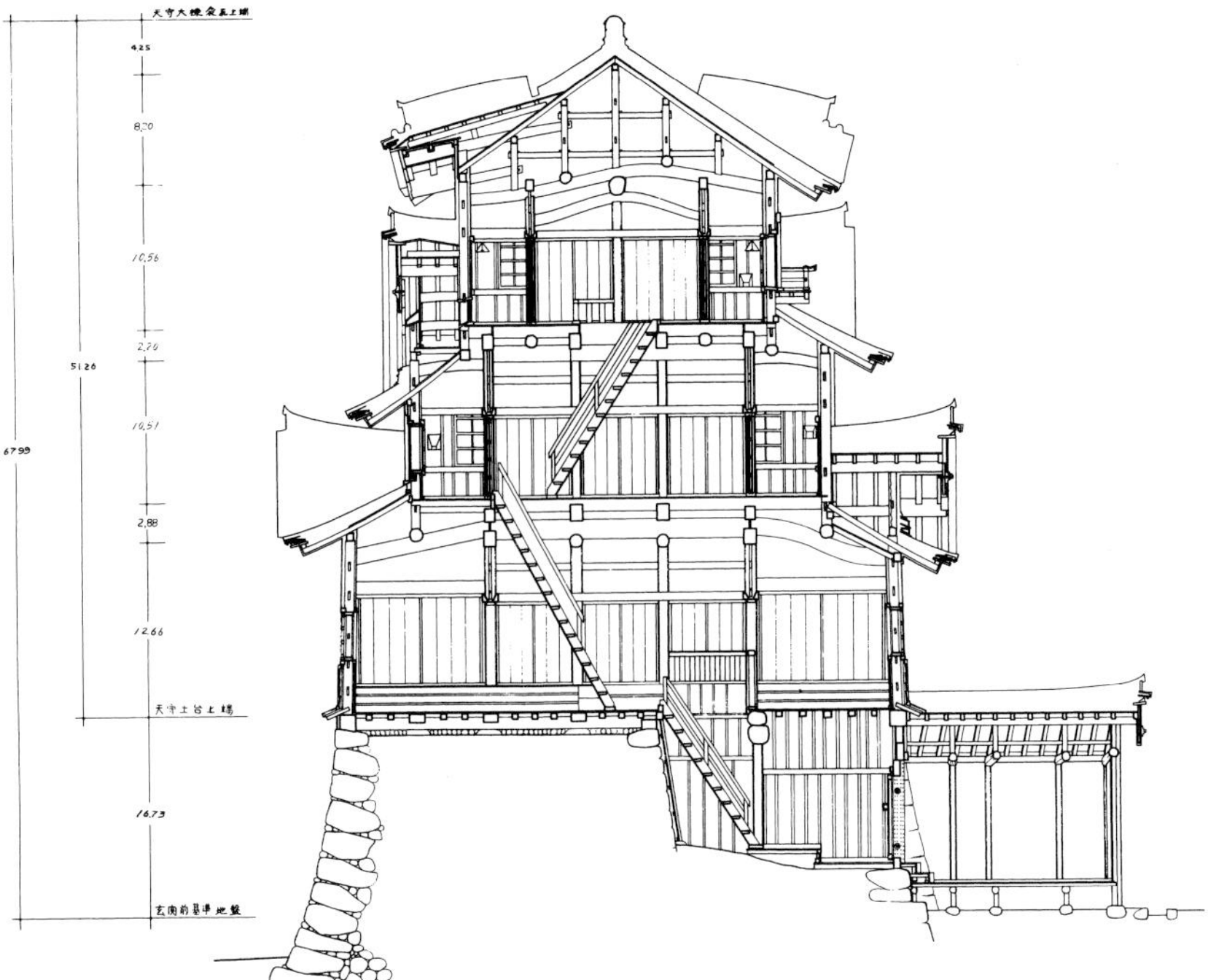

図 4　天守　梁間断面図

本丸天守

井伊家年譜には、

天守ハ京極家ノ大津城ノ殿（天）守殿ナリ、コノ天守ハ終《つい》ニ落申サズ　目出度《めでた》天守ノ由家康公上意（命令）ニ依テ移サル由、棟梁浜野喜兵衛恰好《かっこう》仕置（直ヵ）建候由。

と記され、先年の解体修理工事の調査によって部材の痕跡の精査によって、天守は移築して建築されたことが明らかになった。また、隅木の墨書銘に

（三層南東隅木）

此角木仕候者　御与頭□川与左衛門　花押

江州犬上郡彦根御城下於大工町

喜兵衛　花押

惣次郎　花押

（二層南西隅木）

此スミ木仕候大工弐人ニ而壱人ハ彦根御城下大工町ニ而

壱人ハ関東さかみ北国おたわらあそん

喜市　花押

横又甚三　花押

（二層北東隅木）

此スミ木仕候者江州犬上郡彦根御城於大工町

山本力六　花押

慶長拾壱年午五月

横山惣七　花押

と記されていた。この墨書銘から、天守閣の建築に井伊家年譜に記された浜野喜兵衛が棟梁として参加し、すでに城下の大工町に居住していた多くの大工たちが工事にあたり、遠く関東の相模小田原の大工も参加していたこともわかった。また、解体修理工事の調査によって、解体番付と痕跡の精査によって前身建造物の復元図が作成された。井伊家年譜のいう大津城天守と推定された。

天守の構成をみてみよう。初層は切妻の破風《はふ》で飾り、さらに入母屋《いりもや》の飾破風《はふ》、軒唐《から》破風を配するなど、外観に変化の妙をこらしている。二・三層は古く、初層まわり特に飾屋根や破風の形は比較的新しいといわれるが、二・三層の花頭窓や唐破風、最上層の屋根の形などは慶長以前の古い手法を残しているといわれる。この天守の意匠には、その屋根飾りだけをみても、時代をこえてつちかわれた意匠が集成されていることがわかる。「喜兵衛恰《かっ》好《こう》仕直し……」（井伊家年譜）とあるように、その意匠

は全体として慶長築城による自由な姿を示している。

たしかに、外部を飾る花頭窓、唐破風、本瓦葺などには社寺建築の手法、内部の構成やおさまりには邸宅や農家・町家の手法を用い、石垣を築いて、その上に直接に土台をおき柱で水平を調整し、外装を大壁でぬりこめる手法などには城独自の手法がうかがえる。

このように、築城の工事には中世以来、社寺建築にたずさわってきた堂宮大工、これと全く別系統の農家・町家の建築にたずさわってきた家大工、そして城の構築を通じて独自の技法をつちかってきた城大工など、多様な技術を集成し、天守閣の建築を形づくったのだといえよう。

天守の構造をみても、前身の移築前（大津城天守）の構造と同じく通し柱をもたない構架法で、通し柱をもつ姫路城天守などと比べて特色を示している。断面図をみて容易にわかるようにきわめて無理な構造で、築城後たび重ねて修理され補強材が加えられている。これは城郭がもともと臨戦的で応急の施設として構築され恒久的性格をもたなかったことにもよるが、むしろその権威を誇示しようとして当時の築城にあたった大工の能力をはるかに上まわる技術を要求したことによるものと思われる。

本丸広間

天守の東に、東西に細長い六間に一五間の本丸広間があり、井伊家年譜に「御本丸御広間ならびに御台所、長局などあり、直継公御在城ノ自分ハ右ノ広間ニ在ス」とあるように、表御殿が建設されるまで藩主の居館になっていた。表御殿が建てられると、その機能を失い、作事方の材木庫となっていた。調査によって、その平面構成を明らかにしたい。

太鼓櫓《やぐら》

本丸の表口を固める櫓門で、彦根寺の櫓門と伝えられ、柱にのこる釘跡は札所の札をかけた跡といわれてきたが、解体修理によって、この建物は移築されたもので、釘跡は移築前の建物の痕跡であることがわかった。痕跡の調査から前身建物の規模は現在よりも大きく、冠木の長さ、高さから山城、おそらく佐和山城の谷間に設けられた城門と推定されている。

西の丸三重櫓

西の丸の西端、山崎丸への入口に出郭をつくり、空堀をつくり、北に木橋をかけ、南へ石垣の上に多門櫓、南西に三重の櫓をおく。小谷城の天守を移築したともいわれるが不明。

天秤櫓・鐘の丸廊下橋

井伊家年譜に、「鐘丸縄張城中第一ノ出来ノ由、京橋口人数イカニ相詰候テモ、二重三重ノ払有リ、天下無双ノ要害ト早川毎度自慢ノ由」といわれたのが鐘の丸をめぐる要害であり、天秤櫓はこれを一手に固める位置にあった。この天秤櫓は「鐘丸廊下橋多門櫓は長浜城大手門の由」（井伊家年譜）とつたえられ、解体修理に伴う調査で移築された建物であることがわかった。

鐘の丸御守

「鐘ノ丸御守殿ハ東福門院様御入内ノ時建、然レドモ不入ノ由」（井伊家年譜）と記され、元和六年（一六二〇）東福門院の入内のための宿泊施設として建てられたが、その行路が変更され、使われなかったという。しかし、「御本丸御広間ナラビニ鐘ノ丸御守殿ハ畳置候ヨウニトノ思召ニ候エドモ、善利（芹）川堤安清辺ヨリ御城内御建物ノ棟多ク重リ相見へ、様子ヨク御座候ニ付、そのまま指置シ候由」（同上）と、本丸広間も鐘の丸御守殿もともに城郭の景観を配慮して撤去されなかった。いまその遺構は認められないが、撤去されず、調査によって遺構の構成を明らかにし、造園設計によって見学の便をはかりたいと思う。

表御殿

元和八年（一六二二）ころ、現在の彦根城博物館の位置に表御殿が築かれた。東南の表御殿から西へ、敷台から寄附《よせつけ》、広間、書院の建物が雁行状にならび、ややはなれて御守殿、広間の西に笹の間、表御座の間が平行し、表向の諸室を形づくっていた。表向とは接客、対面を主とした公的な空間で、領内統治の政庁の役割をはたしていた。

南西に台所を中心とした調理などの諸室がならび、表向部分と御鎖の口をへだてて西北に奥座敷（御座の間、御茶の間、御末の間など）、平行して上下陣に分かれた長局がならび、藩主の私的な奥向の空間を形づくっていた。表御殿は領内統治の政庁であり、藩主の私的な生活の場であった。

彦根城博物館は古記録と発掘調査によって、その構成を明らかにし、表御殿の古絵図や諸室の構成を展開図の形で示した起し絵図などによって忠実に復元された。藩政の中心であった表向の部分は博物館展示室として活用し、大名の私的空間であった奥向の諸室は完全に復原された。往時の大名文化と大名の生活をみることができる。

この城郭を中核として、身分格式秩序にしたがって城下町は形成された。

図面は大森健二「国宝彦根城天守、附櫓及大聞櫓修理工事略記」（一九六〇）による。

彦根城下町の形成と構成

城下町の建設

彦根城の構築と並行して城下町の建設もすすめられた。彦根城の築城以前、彦根山には観音信仰の霊場として知られ、その山麓には二、三の村と沼地が松原内湖につながっていた。ここに彦根城を中核とした城下町を建設することになったのである。

城下町の建設にあたって、広い土地を造成するために芹川がつけかえられた。「古代の世利川といふは大猿尾より少し猿ゲ瀬川の方により　それより長松院の方へ来りしと云ふ」（『花井清心彦根古絵図註』）とあるように、今のＪＲ芹川鉄橋がかかる猿尾の辺りから、川原町筋を通って長松院の辺りへ流れこんでいた元芹川をつけ替えたのである。つけ替え以前、今の久佐の辻の辺りに、元芹川の大橋がかかっていたらしい。「世理川大橋、南詰西角、此所今の久佐の辻なり。東側角に茶屋三軒有しと。」（同上）とあり、芹川のつけ替えは当時の景観を大きく変えて強力にすすめられ、集落も新しい芹川で世利村と大橋村の二つに分けられたという。（同上）また、「此大橋より北へ大道あり、古城まで通りあり、又南の方にも大道あり、此道明照寺門前辺通りなり」（附札写）と記され、近世を通じてにぎわってきた「久佐の辻」が、佐和山城と平田の明照寺を結ぶ「善理川大橋」の位置に芹川のつけ替えで元芹川の川原町の通りが設けられたことで交通の要地となり、近世を通じて繁栄の地になっていた。

芹川のつけ替えとともに、沼地の淵を埋め、「埋め堀」（附札写）とし、埋堀《うめほり》町とよばれた。「中嶋も一説に直孝公御縄とも云ふ。此所ふけ地（湿地）にて御地割なされがたきに、これによって御足軽に仰せつけられ土砂を埋たる由、御普請行植田長右衛門御用懸りなり、段々地割相済み拝領致したり」（地名記）と記され、湿地帯を埋めたての造成工事がすすめられたことがわかる。「今の河原町長光寺裏手御堀に出水あり、この水いか様の事ありてもかは（わ）く事なし、うづ巻出ると云ふ。此所石田家の時代犀《さい》ヶ淵とて南十三郷の井水の元にてこれあり。然るを直孝公御代、中土手中堀を掘せられ候砌《みぎり》、此淵を御城の囲堀に仰付けられ」（同上）と、現在も外馬場公園の南にみられる湧水からも城下町建設のさい中堀の一画にくみこまれたことがわかる。

城下町建設の工事は強力にすすめられた。「井伊家になり御城下出来の時、大分村方御潰《つぶ》しあそばされ、依て絵図と大きに相違したる所これある彦根村も残らず御潰し、田畑御取上げに付、百姓大分他領へ立ちのき又他邑へ参りたり…」（附札写）とあるように、城下町建設の計画にともなって、彦根山の麓にひらけていた集落や民家は移住を強制された。城下町建設当時、一七世紀のはじめは、「関ヶ原陣後、大坂陣前」という時代であり、「大坂陣前後は乱世治りかかり、時節、何とも大変出来はかりがたき時節、人心落着《つか》ず万事不都合、殊に彦御聞きの節などは猶もってさわがしき時節」（同上）であった。彦根城下町の建設はさまざまな混乱と軋轢をうみつつすすめられた。

　もっとも、「直政公当所へ御入部の節朝夕の鍋釜の類御用立てし者の子孫も有りし由」「その外にも又青根孫左衛門先祖も鍋釜の類御世話仕りたる内の由」（同上）と、積極的に協力する人もいた。

　ともあれ、さまざまの困難をのりこえて城下町の建設はすすんだ。「当所にて御家中を始め町家まで御地割ありて、各屋舗（敷）拝領あり、それまでは石田家の残家へ入込居るなり、御地割奉行、海老江《えびえ》庄右衛門里勝、三浦十左衛門安久両人これを勤む」（地名記）と記され、城下町の造成工事がすすみ、武家屋敷と町人屋敷の地割りの作業もすすめられた。

　次に、地割りにもとづく城下町の構成についてみてみよう。

城下町の構成

　彦根城下町は彦根城を中核として四郭から形づくられていた。

　第一郭は彦根城天守閣を中心に、東の山麓に表御殿がおかれ、その表向の御殿は「諸士勤番をなす」（御城格見聞記）藩政を執務する場であり、奥向の御殿は藩主とその家族の私的な生活の場であった。

　第二郭は内曲輪《うちくるわ》で、城郭とは内堀でへだてられていた。内堀をめぐって大きい道路がめぐらされ、家老をはじめ高録（ほとんどが千石以上の武士）の家臣の邸宅がならんでいた。述宝年間（一七世紀後半）になると、北東の端に内湖につきでた形で槻御殿が下屋敷として建てられた。「御まつり事のいとまにおはしまして御消遥し給う処なり」（北園記）とあるように、表御殿とはまったくちがう藩主の私的な奥向の生活となったのである。今、玄宮楽々園として市民に開放されている。近世の大名文化を示す庭園と建築である。寛政年間（一八世紀末）には、内曲輪の西端に藩校・稽古《けいこ》館がおかれ、のち弘道館と改名された。現在の西中学校の辺りである。この藩校弘道館の講堂は大正一二年（一九二三）中央町（外馬場）に移築され、金亀会館として保存され、市指定文化財となっている。

第三郭は内町とよばれ、中級武士団と上層町人を含む町人の居住区からなる。内曲輪をめぐる中堀のまわりや北西に琵琶湖に近い地区、また第四郭外町と区画する外堀の内側に面して中級武士の住居がならんでいた。中堀をめぐる佐和口の辺りは今も当時のおもかげをよくつたえている。なかでも、井伊直弼がその部屋住みの時代をすごした埋木舎《うもれぎのや》は中級の武家屋敷のたたずまいをよくつたえている。

藩校の弘道館講堂を移築した金亀会館（彦根市指定文化財）

「慶長九年（一六〇四）武家の地割相済て、町家へ割渡せる時、本町より割始め、最初拝領致せしは青根孫左衛門、北川角左衛門、田中九郎兵衛と云」（彦根町家恩地割之事）とあるように、町人の居住区は本町を基点にして割りつけられ、青根孫左衛門らがまず屋敷をうけとった。今、新しい町なみの形成地区として注目されているキャッスル・ロードの辺りである。外堀はいま、ほとんど埋めたてられているが、その痕跡を示す土居・竹藪が今もその痕跡をのこしている。

第四郭は外町とよばれ、中・下級武士団と町人の居住区である。内町のまわりは土塁の竹藪と外堀がめぐらされていた。この外堀の外側に、下級の武士、足軽屋敷がならび、上級武士の下屋敷が点在し、町人の住居がつらなっていた。芹川沿いに足軽屋敷がそのたたずまいをのこし、芹橋八丁目の橋詰にたつ普請方の会所のは、先年の火災で焼失した。また町家の町なみなど当時をしのばせる遺構も少なくない。積極的な保存と活用の対策がのぞまれている。

　外町のまわりには、南に猿尾口、芹橋口、池州口、上番衆、東に里根口、北に大原口と六ヶ所の番所が設けられていた。しかし、この城下町の外縁部を形づくっていた外町にめぐらされた堀や土居はまったくみられない。外にたいしてなんの防御施設もなく、まったくひらかれた形をなしていた。

武士の居住区

　天守閣のそびえたつ城郭を中心に、家臣団の住居が身分と職掌にしたがって整然と配置されていた。図5は古図の屋敷割を禄高にあわせて表示したものであり、その身分制秩序が城郭を核として確然と投影されていたことがよくわかる。今、町名変更でその歴史的地名が忘れられようとしているが、かつて餌差《えさし》（指）町（御餌差、御鳥毛小頭、御中小姓など）、小道具町（御小道具頭、御小道具方、御賄小頭、御犬方、御鉄砲方など）、伊賀町（伊賀衆）、百石町、御徒《かち》行町、鷹匠町、勘定人町など、その職掌にしたがっての居住区が形成されていたようだ。

　第二郭・内曲輪について、次のような厳しい規程があった。

　　内曲輪に居られ候衆へ他所より縁者親類見廻に参候とも、直澄様仰付られ候通りに相心得、町屋へ罷《まかり》出で対面仕まつるべく候、内曲輪へ猥《みだ》りに他所の者出入堅く停止仕まつるべく候事（御法度書覚　天禄五年申三月二五日）

とあるように、たとえ内曲輪につとめる人がいても、その親類、縁者と出会う場合、内曲輪からでてきて第三、四郭の町家で面会するよう定められていたのである。第一郭城郭、第二郭内曲輪は中堀によって地域的にまったく分断され、容易に近づくことの許されない地域空間となっていた。身分制秩序による地域的分離は完全に貫かれていたのである。

町人の居住区

　先にみたように、慶長九年（一六〇四）武家屋敷についで町家の町割りもはじめられた。当時の町家の町割りについて、

　　当彦根御城下出来の節町家御地割拝領のとき本町よ

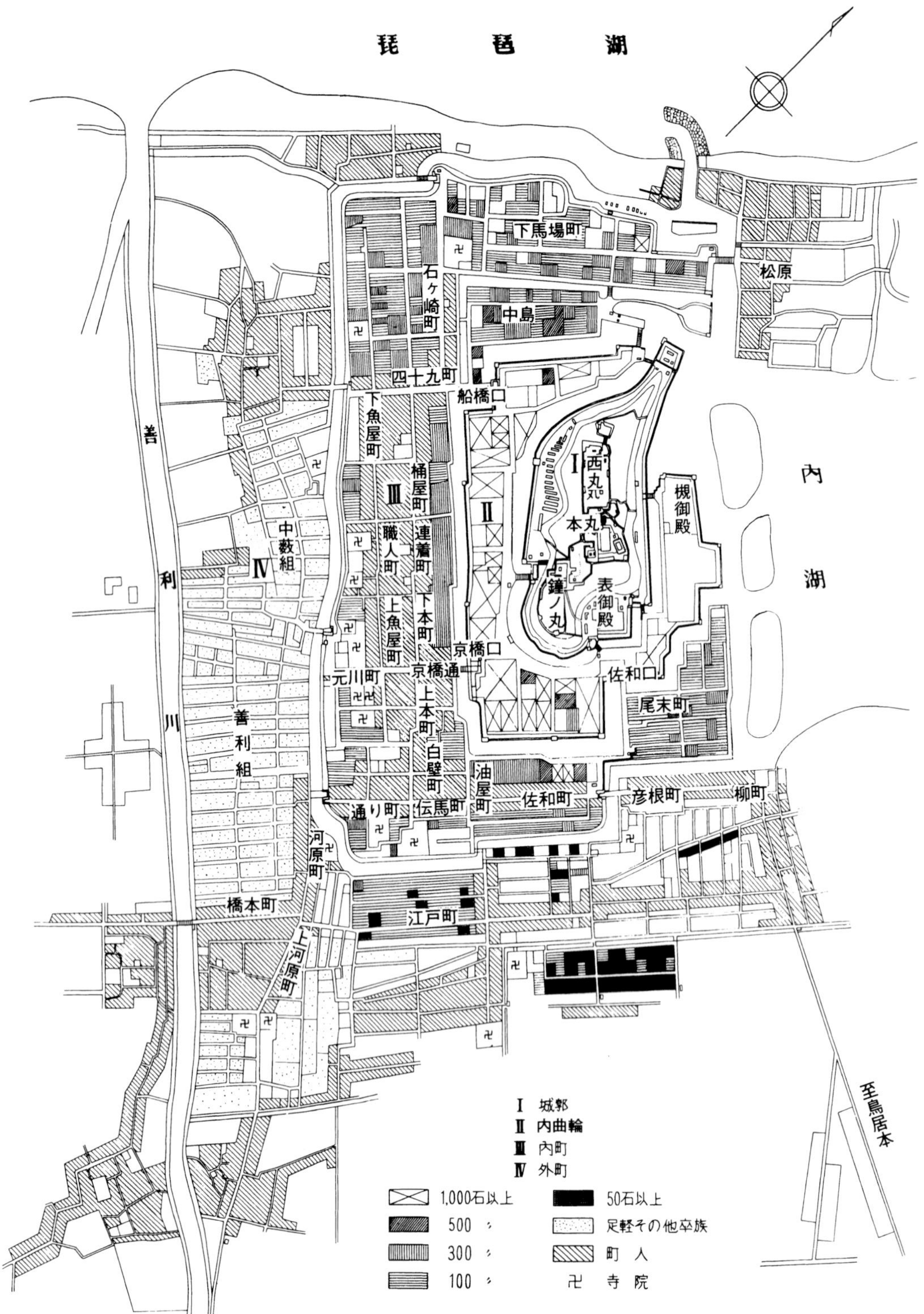
琵琶湖
下馬場町
松原
石ヶ崎町
中島
四十九町
船橋口
下魚屋町
I
西丸
内湖
槻御殿
桶屋町
III
II
本丸
職人町
連着町
中薮組
IV
鐘ノ丸
表御殿
善利川
上魚屋町
下本町
京橋口
京橋通
元川町
佐和口
上本町
尾末町
善利組
白壁町
油屋町
佐和町
彦根町
柳町
通り町
伝馬町
河原町
橋本町
江戸町
上河原町
至鳥居本
I 城郭
II 内曲輪
III 内町
IV 外町
1,000石以上
500 〃
300 〃
100 〃
50石以上
足軽その他卒族
町人
卍 寺院

図5　彦根城下町

り割始めて今以て本町を元とす。もっとも古城より引きし町家ありて町々へ指し置かれし由、町家の内にて本町四十九町、佐和町、上下魚屋町以上四町を内町の四町と云て頭分の町なり、この余の町は右の四町の下に付居るなり、また外町にては河原町、彦根町を本とす、これ直孝公御定めなり、これ等の町役人は大坂御留守にも支配筋を仰付けられ置きしなり、御陣場まで御機嫌伺《うかが》ひに参りたる由、また万治ころまでは江戸表へも事により御悦《よろこ》びなどに参りし由…（附札写）

と記されている。本町につづいて四十九町、上下魚屋町、佐和町、などの内町四町を中心に内町、河原町、彦根町を中心に外町がひらけ、しだいに町人の居住区は拡大した。内町と外町は外堀で区画され、両者を結ぶ境には番所がおかれた。

安永七年（一七七八）の「町方万留帳」をみると、

内町　一九町　六一一軒
　内　二〇三軒半　年寄丁（町）代　横目
　　諸職役引
　残而　四〇七軒半　町役家
外町　三二町　一、二六二軒
　内　三九軒半　諸職人役御年貢引
　残而　一、二二三軒半　御年貢地

となり、内町は町役を除いて年貢を免除されたが、外町は軒下年貢を課せられていた。また諸職人の御国役は表1のように定められ、同じ職種でも内町と外町では課

表1　諸職人国役負担日数表

（日数）	（職　　制）	（日数）	（職　　制）
30日	大工内町外町家持	15日	桶屋内町家持
15日	大工内町外町借家之者	7日	桶屋内町借家之者
5日	大工弟子	10日	桶屋外町家持
30日	鍛冶内町家持	5日	桶屋外町借家之者
15日	鍛冶内町借家之者	15日	畳屋内町家持
15日	鍛冶外町家持	7日	畳屋内町借家之者
7日半	鍛冶外町借家之者		研屋・鞘師・塗師記入なし

役が相違していたことがわかる。また、家持と借家人とにより課役に差があり、家持だけが市民権をもっていたことを反映している。

内町・外町を通じてその町名に、町の由来を示す類型がみられる。

㈠ 町の位置・形状によるもの
本町（城下町町割の基点）、橋本町、橋向町（芹川にかかる芹橋に関わる）、土橋町（外堀にかかる土橋にちなみ、ここに高宮口御門がおかれていた）、善利中町、善利新町（芹川の南の新町筋の町）三筋町、水流町

㈡ 城下町への移住者の先住地によるもの
四十九町（四十九院村から移住）、石ヶ崎町（佐和山の石ヶ崎から移住）

㈢ 城下町以前の地名
彦根町（城下町以前の彦根村）、川原町（芹川つけ替え前の元・芹川の川原）、埋堀町（佐和山時代の盲亀が淵を埋めた）、元川町（築城前の川）

㈣ 職種によるもの
上細工町、大工町、外大工町、鍛冶屋町、桶屋町、職人町、上・下瓦焼町、紺屋町、油屋町、魚屋町、連《れん》着《じゃく》（荷物をくくりつけ背負うのに用いる道具）町、伝《でん》馬《ま》（宿駅に常備した馬、城下町のなかの宿駅）町

町人の居住区をみると、表通りの町なみには商人が、裏通りや町はずれには職人が住んでいたようだ。同じ職種の人びとが集団居住する傾向がつよかった。もっとも、紺屋町などでは、

今の紺屋町には古代は紺屋ばかり住せし所の由、大坂御陣の時御幕御用をこうむりて候て御小屋まで来り数人詰居り候よし、この格式残りて格別の御染物といへばこの町へ仰つけられるという。その内分て紺染物第一なり、今は紺屋少なく故に町家として外へ申しつけ御用うけたまわるなり」（当新町家の事）

とあり、また慶長年間、城郭天守の構築にあたった大工も、「城下大工町」に居住していたが、しだいに大工町以外に居住する大工も多くなった。

同じ職種による居住区の形成も、都市生活の進展にともなって分解し、城下町の他の地域へと分散する傾向があらわれたのである。

城下町の道路は基盤状を基本としているが、どの道路も屈折し、「どんつき」を形づくり、また外堀をめぐる

要所を中心に大きい寺院を配置している。これは寺院の大きい建物と広い境内を非常の際の軍団の屯所として役割をはたさせようとしたのだといわれる。外町のまわりには番所がおかれていた。しかし、外町をめぐっての土塁や堀はまったくみられない。中世末にひらけた郷民の村づくり、町衆の町づくりにみる環濠城塞都市と比べてきわめて対照的である。彦根城下町には各所に軍事的配慮がなされてはいるが、町全体として防衛、環濠城塞化はなされていない。戦国武将の「自焼し、放火する」という城下への考えが貫かれていたのである。

城下町の構成をみても、その中核をなす城郭と内曲輪は容易に近づくことができず、地域的に分断されていた。城下町の中核としての城郭と内曲輪その身分的閉鎖性の故に、権威の象徴としてそびえるだけで、都市生活の機能的中核とはならなかった。町割りの当初から本町の辺りは城郭の大手につづく京橋口に接し、格式的地位を保っていたが、城下の商業中心はしだいに城下町を通過する外町を中心とした日常的な交通路へと移っていった。ここに城下町の計画的矛盾があったといえよう。

表2　職種による居住区

	当町の家数	当町で同職をもつ家数		彦根の39町同職家数
内大工町	55	大工	21	133
外大工町	58	大工	12	133
鍛冶屋町	26	鍛冶屋	20	52
桶屋町	37	桶屋	13	43
瓦焼上横町	34	瓦焼	—	—
瓦焼下町	78	瓦焼	—	—
上細工町	37	細工	4	43
紺屋町	61	紺屋	13	55
油屋町	39	油屋	2	63
上魚屋町	88	魚屋	33	70

元禄8年大洞弁財天祀堂寄進帳のうち彦根町方分による。但し彦根53町中西14町分が欠本につき、39町分についてまとめた。

城下町の都市生活

彦根城下町は、慶長年間、身分格式的秩序にしたがって計画的に構築された新都市であった。前にもみたように、城下町の生活空間は身分制によって武士と町民にきびしく分離され、その都市生活も明確に隔離する形でいとなまれていたのである。ここでは、近世の新都市・彦根城下町がどのような住民で構成され、どのような都市生活がいとなまれていたかをみてみることにしよう。

武士の都市生活

彦根城下町の建設は、井伊軍団の進駐とともにすすめられた。井伊家は遠江《とおとうみ》の豪族で引佐《いなさ》郡井伊谷に拠り、はじめ今川氏にしたがい、のち直政が徳川家康の家臣として信頼をえ、家康の関東入国とともに上野箕輪城（一二万石）の領主となり、やがて高崎城に移り、関ヶ原合戦の武功によって佐和山城主となり、一八万石を領することになった。直孝は徳川譜代の雄藩として地位をかため、三〇万石の大名として「西国の固め」の彦根城を構築した。この軍団の移動の過程で、井伊家の家臣団も拡大し編成された。

家臣団の構成を元禄年間の「藩士族譜」でみると、一、〇〇〇石以上（笹の間詰）の重臣は三〇名で、そのほとんどが、遠江、三河、上野《こうずけ》、甲斐、駿河の五ヶ国出身で占められ、わずかに二名が近江出身である。三〇〇石以上（武役席）については、先の五ヶ国出身が六六％を占めていることがわかる。しかし、家臣団全体では、近江出身が一二％を占め、上野出身とならんでもっとも多い。家臣団編成の過程がうかがえて興味深い。この事情を「彦根町家御地割之事」（長谷川伝次郎文書）に、

> 諸国の諸浪人分ちて当国佐々木浅井家の諸浪人、又は佐和山石田家の浪人ども数多此辺之郷中又は山中に隠れありしが、御代治り候て以後当所へ忍出て名を替え様子をかへて被召出御知行拝領して侍となるものあり、又は小役人足軽などに出るも有り、其のほか御中に居止り百姓どもなり、町人となりて当所にて地割拝領したるも有る由。

と、つたえている。家臣団の編成と戦国武士たちの城下町建設にともなう兵（武士）として城下町に集住するか、農として在地にとどまるかの去就・進退がうかがえ

る。

こうして、兵農分離による武士の家臣団としての城下町への集住がすすめられたのである。

城下町における武士の生活をつたえる中級武士の記録「年中行事」（彦根市立図書館蔵）が、『彦根の歴史—ガイドブック—』（彦根城博物館）に紹介されている。（表3）これによると、武士の新年は元日、六ツ時前の登城、藩主との対面にはじまる。翌二日、知行地の農民の年頭のあいさつをうけ、家中の子供（跡つぎ）が藩主と対面、七日登城、書院で人日《じんじつ》（五節句の一つ）の催し、二一日より平服で登城ということになる。

二月朔日、直政の命日、清凉寺へ墓まいり、裃《かみしも》着用で登城、三月三日ひな祭り、節句で登城、四月八日北野寺祭、裃で参詣、五月五日節句で登城、六月土用の入り、家老衆登城、七月七日七夕《たなばた》節句で登城、一三日精霊迎え、一六日精霊送り、八月朔日家康江戸入城の日、節句で登城、知行地から初の作物の納入、一五日仲秋名月、九月九日重陽の節句で登城、十二月朔日、煤《すす》はらいの竹、飾り松、飾り藁など知行地の農民に準備させる。一六日煤はらい、二三日餅つき、二八日登城、仕事納め。と、武士の生活は威儀をただした格式ばった儀式・行事を基調にしていたことがわかる。

さらに、武士の生活を大きく規定していたのが参勤交代の制である。寛永一二年（一六三五）江戸幕府は参勤交代を諸大名に義務づけた。諸大名は妻子を江戸に住まわせ、証人とし、国許《くにもと》の城下町と江戸の間を一年ごとに往復することになった。もともと、中世の末期、武力抗争をつづけた戦国武士たちが覇権をあらそい、君臣関係を結び、家臣団を編成し、城下町を形づくるなかで、相互不信の人間関係から生まれた人質証人、城下在番の制を近世になって制度化したのが参勤交代の制であった。いわば中世的遺制を近世に再現させ、中央城下町・江戸と地方城下町を参勤交代で強制的に結びつけたのである。この制度によって、各地の大名は中世末に形づくられた軍団組織の行列で国許の城下町と江戸の間を往復することになった。

諸大名の生活の中心は国許を離れ、江戸へと移り、江戸に宏壮な屋敷がたてられた。江戸城をめぐる今の霞が関の辺りはその中心であった。上・中・下屋敷がおかれ、それぞれ本邸、控えの邸、隠居・園遊・練兵などの役割りをはたしていた。これらの屋敷には、定府《じょうふ》と勤番の家臣団が邸宅を囲んで長屋住まいをしていた。この藩主の邸宅を囲む連続した長屋の構成は、中世末の野陣の小屋割りを示すものであった。ところで、定府《じょうふ》（定江戸侍）

表3　武士と町人の一年（彦根城博物館作成）

旧暦	武士の一年	町人の一年
1月	元日 梅干茶を飲み、雑煮をいただき新年を祝う。（雑煮祝） 　この日、六ツ時前（午前六時頃）登城。藩主と対面し、盃をいただく。 2日 弓初め・馬乗初め・蔵明け切め・はき初め・馬屋初め。 　知行地の農民たち年頭のあいさつに来る。 　この日、家中の跡つぎは登城し、藩主と御殿書院で対面。 6日 門松を取り払う。（松上げ） 7日 七草粥（ななくさがゆ）をいただく。 　この日、登城し、書院へ召し出される。（五節句・人日（じんじつ）） 11日 例年、具足の前に飾った鏡餅をひらく。（具足鏡開き） 15日 小豆粥（あずきがゆ）をいただく。 　この日、登城。家中が皆そろって藩主と対面。 18日 小豆粥をいただく。（十八粥） 21日 この日より、平服にて登城。 　毎月、1日・8日・15日・21日・28日は登城し、平常の仕事をする。 25日 初天神、北野天神へ参詣。	元日 例年の通り、新年の祝い。 2日 出入りの人々年頭のあいさつに来る。 　隣町へ年頭のあいさつに出る。 4日 昼より、諸方へ年頭のあいさつに出る。 7日 七草粥をいただく。 8日 鏡びらき。昼には餅を焼きいただく。 11日 川原町にて町の寄合、御用銀の町内割付けについて相談する。 12日 例年、諸方へ年玉を送る。 13日 新春の発句、俳諧会を催す。 14日 朝、左義長（さぎちょう）あり。（正月の注連《しめ》飾りや書初めなどを集めて焼く。） 15日 粥をいただき祝う。 24日 例年の通り、日（火）祭り。
2月	朔日 藩祖井伊直政の命日。清涼寺の御廟へ参詣。 　この日、裃（かみしも）を着て登城。 15日 この日、裃（かみしも）を着て登城。例年、家中の二男が藩主と対面。	この月の初午の日には稲荷を祭る。（午の日が早く来るとその年は火事が多いと信じられていた。） 8日 昼より、仙琳寺、龍潭寺へ年頭の礼に赴く。 　この月、宗門改め。横目を藩の役人のところへ遣わす。 20日 町内五人組の印取り（印鑑の登録）をおこなう。町役人が立合う。
3月	2日 明日節句のため草餅をそなえる。 3日 雛（ひな）の祭り（五節句・上巳（じょうし）） 　この日、節句につき登城。	3日 節句につき、横目を奉行所へ礼に遣わす。 7日 今日、家中へ厳しい倹約の御触あり。町方へもとくに御触あり。 9日 今晩より夜廻りを常番とする。明照寺で開帳あり。 27日 火消道具改めおこなわれる。諸道具・絵図などを提出する。
4月	6日 宗門改めのため自分の属する壇那寺へ行き、改書を納める。 8日 北野寺祭礼、裃を着て参詣。	8日 今日、内町の祭礼。 　この月、中午の日、多賀の神事おこなわれる。 23日 今日、千代宮祭礼。
5月	4日 ちまき・かしこだんご・まこも餅をつくり神仏にそなえる。 　艾（よもぎ）・菖蒲（しょうぶ）を厄除けのため屋根にさす。 5日 この日、節句につき登城。（五節句・端午（たんご））	5日 節句につき、横目を奉行所へ礼に遣わす。 6日 この夏めずらしく日照り続く。田植えのため雨乞おこなわれる。 19日 浪花（大阪）の俳諧師彦根に来遊。連日俳諧を催す。
6月	朔日 正月に、神棚に供えた懸け網と、いもずいきを入れ、汁にしていただく。（露の汁） 　この月、土用の入。家老衆は皆登城する。その他は、土用餅をつくり親類中へ土用見舞に出る。	この月、土用の入。例年、石ヶ崎町より土用見舞に来る。 13日 今日、町講（町寄合）。 　この頃、諸方へ土用暑気見舞に出かける。 14日 水道さらえおこなう。今年は役人衆は出ず、当番は安養寺町つとめる。 17日 日照りつづきのため、この頃は安清の水も一滴もなしという。 晦日 例年、宵に長光寺の荒神へ参詣。暑気払いをする。（名越祓（な

		ごしのはらい）
7月	7日　暑気につき、井戸水をかえる。 この日、節句につき登城。（五節句・七夕（たなばた）） 10日　松原の四ツ川へ仏前に供える蓮の葉を取りに行く。 12日　墓掃除をし、内仏（ないぶつ）の掃除をする。 13日　精霊棚を飾り付け、暮六ツ時（午後7時頃）に精霊迎え。 16日　暮六ツ時、精霊送り、仏前には松明を灯す。	7日　節句につき、諸方より礼者あり。 14日　諸寺へ盆供養料を送る。 15日　諸方、町役人の者へ盆礼に遣わす。 この日、墓参りする。 21日　高宮より盆の礼に来る。
8月	朔日　稲の収穫を祝う。この日は家康江戸入城の日にあたり、重要な行事。 この日、節句につき登城。（八朔（はっさく）） この月、知行地から初めて作物が納められる。あらかじめ日を選び、農民たちに初納の日を伝える。 15日　仲秋名月、朝より月見の団子をつくり、そのほか柿・芋・豆などそろえる。 名月につき、月の天子に供物をする。	朔日　奉行所へ横目を八朔の礼に遣わす。 5日　明後日、内藤山城守様彦根に立寄る。町内を通行のため道掃除をする。 13日　千代宮秋祭り。 20日　今日より大念仏始まる。北野寺では、開帳、見物に行く。 23日　例年、秋の宗門改め。御番所へ行く。
9月	9日　菊の祭り。菊の花を浮かべた酒を飲み、延命長寿を祈る。 この日、節句につき登城。（五節句・重陽（ちょうよう）） 13日　十三夜、名月につき、月の天子に供物をする。	朔日　川さらえのため、町役人総出、藩の役人も出て見廻る。 4日　京都より俳諧師来る。俳諧催す。 15日　長浜祭礼に行く。（曳山祭は江戸時代にはこの日におこなわれた。） この月、酒づくり始まる。 25日　昨夜、多賀般若院で芝居興行される。
10月	この月、初亥の日、玄猪（げんちょ）の祝い。餅を食べ無病息災・子孫繁栄を祈る。	19日　今夕、夷（えびす）講。家のものたちだけで祝う。 この月、新酒出来上がる。皆で祝う。 20日　多賀般若院で相撲興行。今日、二日目見物。
11月		7日　龍潭寺にて茶会。清涼寺の住職らと相伴する。 この月、茶会たびたび催される。 13日　今日、町講おこなう。 22日　伊勢の御師（おし）来る。例年の通り、初穂料（はつほりょう）を納め、暦（こよみ）をうけとる。
12月	朔日　煤（すす）払の竹・飾り松・飾り藁など、知行地の農民に準備させる。 この月、21日迄にくどを塗り直し、日を選び一年中の味噌を仕込む。 8日　針供養。（折れた針を集めて供養する。） 16日　例年、煤払いをおこなう。 23日　餅つき 28日　この日、登城し、一年最後の仕事納め。 29日　飾り松を立てる。 大晦日　神棚に造酒・鏡餅・懸け鯛などを飾る。 北野寺・天満宮・弁財天・白山宮へも鏡餅をもたせ遣わす。 年越の夜、大福茶を飲む。	この月、諸方へ寒気見舞に出る。 25日　餅つき。 26日　例年、大坂屋にて年忘れに呼ばれる。 今日、困窮のものに、御救い米一俵ずついただく。 大晦日　昼のうちに門前の掃除をおこない、諸方の神棚に飾りものをそなえる。

というのは、常に江戸の藩邸に詰めており、妻子とともに江戸邸の長屋に住む家臣をいい、勤番（江戸詰侍）は大名にしたがって単身で江戸にでかけ、妻子は国許の彦根にのこし、江戸邸まわりの長屋に居住する家臣であった。元禄年間の彦根藩の四つの江戸藩邸と、そこに居住する勤番と定府の家臣の構成を示したのが、表4である。単身赴任の勤番の武士が多い江戸は〝男っぽい〟町を形づくったようだ。

表4　彦根藩江戸邸の規模と勤士の家臣団の構成

	総坪数	惣廻り			江戸詰侍中			定江戸侍中		
		間	尺	寸	組		人	組		人
桜田御上屋敷	19,685	529	2	5	77	—	1,654	45	—	386
赤坂御中屋敷	14,175	551	5	13	13	—	101	45	—	642
千駄ヶ谷御別邸	174,795	1,730	5	9				33	—	163
八丁堀御蔵屋敷	7,277				1	—	9	50	—	267
計							1,764			1,458

参勤交代による武士の都市生活を、近世が生んだ思想家荻生徂徠《おぎゅうそらい》（一六六六―一七二八）は、諸大名一年ガワリニ御城下ニ詰居レバ、一年挟ミノ旅宿ナリ、ソノ妻ハ常ニ江戸ナル故、常住ノ旅宿ナリ。」（政談巻一）といい、武士土着論の立場から、「今ノ世ノ人百姓ヨリ外ハ、武士モ商人モ古郷ト云者ヲ持ズ、雲ノ根ヲ離タル様ナル境界、哀ナル次第ナリ」（同上）と城下町の都市生活を批判した。

町人の都市生活

彦根城下町の建設に当たって、町人たちはどこから来住したのだろうか。「慶長九年氏《ママ》家地割り相済て町家へ割渡せる時、本町より割始まり、最初拝領いたせしは青根孫左衛門、北川角左衛門、田中九郎兵衛」といわれ、この三人のうち、青根氏について、「大藪出と云う説有り、又今ニ古沢ニ屋敷跡ある故ニ古沢出とも云、往古古沢よりの伝来とて今ニ珍しき石灯籠ヲ所持すと云」（彦

根町家御地割之事　長谷川伝次郎文書）とあり、大藪または古沢出身といわれ、田中九郎兵衛について、「本国没落以後」井伊家の家臣へ「御抱《おかかえ》」をねがったがはたせず、「町人となり」（同上）といわれ、北川角左衛門は「元高宮出の者の由にて、始本町ニテ屋敷拝領いたし、是も代官勤候由」（同上）と、三人中二人まで彦根の近郷の出身であることがわかる。

ところで、近年、専修大学生田図書館蔵の慶安二年（一六四九）「下魚屋町御改帳跡」および同町同年「宗門五人組帳」が紹介された。（斎藤純：近世前期、彦根城下町住民の来歴について（上・下）―慶安二年「下魚屋町御改帳跡」の紹介　専修人文論集　第五五・五七号　一九九四、一〇・一九九五、一〇）この古記録は、彦根城下町建設から半世紀を経ない時期の記録であり、もっとも古い彦根町方文書として注目される。じっさい、慶安年間の下魚屋町在住の町民について、出身地、来住時期、親との同居、自立の時期と職歴、家屋の取得、父祖の職業、女房の出身地、その親の職業、宗旨と旦那寺、子供とその現住地、下人、下女の出身地、その親の職業などが、細かに記されている。まず、この古記録によって、下魚屋町へ、いつ、どこから来住したかについてみてみよう。

来住の時期について、城下町建設の慶長九年（一六〇四）がもっとも多く、全九一件のうち、二五で二七％、建設開始から一〇年間の間に五五（六〇・四％）つづく一〇年間に一三（一四・三％）さらにつづく一〇年間に八（八・八％）次の一〇年間に八（八・八％）四〇年から慶安二年までの五年間に七（七・五％）となり、建設当初にもっとも多く来住していたことがわかる。建設当初の二〇年間でみると六八（七四・三％）と、慶安二年の住戸のほぼ四分の三を占めている。城下町の建設が強力にすすめられたことがわかる。

つぎに、どこから来住してきたか。その前住地、出身地をみると、古沢から移住がもっとも多く、全八九中二三（二五・八％）で四分の一以上を占めている。「生当地古沢のもの、四五年以前ニ御替ニ付当地下魚屋町へ罷《まかり》越《こし》替屋敷申請家ヲ立」と記し、城下町建設にともない、古沢を立退かされ、下魚屋町へ移住し、替屋敷を申請したと記してある。城下町建設による区画整理による移住がここではもっとも多かったのである。この「御町替」による「替屋敷」申請のなかには、父が八幡魚屋町の生れで古沢へ移住し、魚売りをし、「町替」で下魚屋町へ移り、魚売りを業としている者もみられる。ほかにも、父が愛知郡薩摩村生れで、のち古沢に移り、城下町建設にともなう「御町替」で下魚屋町に「替屋敷」を申請し

表5　家屋敷売買関係文書

	文　　書	差　出　人	受　取　人	家持→家持	（借家人）→家持	家持→借家人
1	家屋敷売買仕候ニ付指上申請文之事	町代・横目・組頭・売主・買主	御　奉　行	○	○	○
2	永代売渡申家屋敷之事	売　主・証　人	買　　主	○	○	○
3	請取申家屋敷代金之事	売　主・証　人	町代・横目	○	○	○
4	指上申手形之事	売　　請　　人	御　奉　人		○	
5	家屋敷売買ニ付買請一札之事	買　　請　　人	町代・横目			○

家持→家持 ……………………売主買主とも家持、売買後もともに家持の場合
（借家人）→家持………………売り主が売却後借家人となり、買主は家持の場合
家持→借家人　買主が借家人であり、家持はその持家の一部を売却する場合

表6　寛文5年伝馬町住民家主、借家人の出身地　「古郷改帳」による

	当　町	城　下		彦　根　藩			他　国（藩外）	計
		内町	外町	坂田郡	犬上郡	藩領		
家　主	31（76.0%）	2（4.9%）		2（4.9%）	2（4.9%）	1（2.0%）	3（7.3%）	41（100%）
借家人	11（17.5%）	7（11.1%）	6（9.6%）	19（30.1%）	8（12.6%）	7（11.1%）	5（8.0%）	63（100%）

家をたて、魚売りをしており、親の代から町人で、おいは古沢で酒屋を営んでいると記している。この時期、町人の間にもかなりの移動がみられたようだ。

古沢のほかにも、沼波、柳町、大橋町、松原、大藪、中藪、善利大橋など、彦根とその近郊からの移住が一一、古沢と合わせて三四（三八・二％）と、彦根近辺での移動が四割近くを占めている。ほかに、長浜から八、八幡から三、の移住がみられる。また、犬上郡二一、坂田郡一〇、伊香郡四、愛知郡四、神崎郡三、東浅井郡一、甲賀郡一からの移住がみられる。なかには、神崎郡今村で生まれ、（一五九八）京都の釜座突抜《かまんざつきぬけ》町で一一年間奉公し、姉小路樽屋町で家を買い、一二年間商いをし、寛永一〇年（一六三三）下魚屋町で家を買い、魚売りをしている例もある。

職業をみると、家持ちと借家人にわけ、家持ちでは、肴（魚）売り二八、茶うり、紙うり、たばこうり、かうしゃ、酒や、あおや各二、桶や、かや売り、塩うり、生薬や、米や、油や、なべや、かねかけや各一、ほかに手代二、代官一となっている。借家人では魚売り二〇、おかせ六（すべて後家で手仕事のおかせ）、ぞうりうり三、たばこうり二、つぼうり、塩うり、とうふや、かみゆい、からかさはり、紙うり、各一、ほかに若党三、中間、辻

番各二、御馬屋衆一となっている。下魚屋町には魚屋がもっとも多く、職業集団の居住区が形づくられていたことがわかる。

　宗旨と旦那寺をみると、持家では本願寺四〇、仏光寺二、浄土宗七、旦那寺は平田明照寺一一、薩摩善照寺九、法縁寺五、八坂善敬寺五ほか、浄土宗は円常寺六、宗安寺一となっている。借家人では、本願寺三七、仏光寺二、浄土宗四、法華宗一で、旦那寺は平田明照寺一三、八坂善敬寺七、浄土宗では宗安寺四となっており、いずれも本願寺門徒が圧倒的に多い。湖北・湖東の特色をよく示している。

　通婚圏をみると、彦根からが三七件（全体六七）で五五％、長浜から五、犬上郡から八、愛知郡四、東浅井郡三、神崎郡二、伊香郡、蒲生郡各一と、その通婚圏は彦根と領内に限られている。なかには、家中、武士の娘をめとっている町人もいる。また、八幡魚屋町生まれの男は、加州（金沢）で右筆として奉公し、下魚屋町で家を買い、木茶（生薬か）屋をいとなみ、加州で北の庄石場町の娘をめとっているのは例外といえよう。以上が、下魚屋町の古記録から町人の生活の一端である。

　ところで、町人の都市生活を他の記録から見てみよう。「彦根并近郷往古聞書」（彦根市立図書館蔵）に

　直政公直孝御両公の御代ハ田畑ハ云ニ及バズ御城下までも所々荒地多くして当時のごとく立詰りし家並みにあらず

と、城下町の景観をつたえ、また町家屋敷を割りあてられても、

　世間をつくろひ居宅をかざる心なき故に屋敷の大きなる人などは指上られし人もあり、町家等にも森助兵衛へ下されたる地取の縄張り至りて広く地所ありし故に、夜半に助兵衛忍びてその縄張りを縮めに参りしと云い伝へたる。

と記している。土地所有の意識を示すものとして興味深い。じっさい、

　当時の居宅を見る時は小屋懸の類なり。その中にても至て構わぬ人などは片屋根にて暮らせし人あり

とつたえている。城下町建設当初の町なみ景観を想像できよう。「青根孫左衛門記録」（彦根市立図書館蔵）

には、上層町人の青根孫左衛門でさえ、拝領した広い屋敷地に……大屋敷ニ縄張仕候ても、急ニ建前出来不仕候ては、……佐和山町ニ御座候建前ナラビニ門など引取急々建詰残リ申分ハ高塀あい掛け可申由御返答仕候……と、とりあえず、前住地の佐和山町より建物や門を移築し、それでもたてつまらない部分は高塀で当座をとりつくろおうとしたのであった。城下町建設当初の町づくりの様子がうかがえる。

伝馬町にのこる古記録や古絵図をみると、町人の屋敷地は売買の対象となり、売却、移譲され、分割されて、しだいに土地が細分化されたことがわかる。町人は家屋の所有によって、家持ちと借家人に分れ、家持だけが市民権をもち、法的人格が家屋の所有権をめぐって移動したのである。家屋敷売券文書によって、家持ちなければ家持の請人を必要としたのである。

したがって、町人の家屋には、持ち家と借家があり、そのほかに売券に、「裏ニ土蔵・借家アリ」とあるように、土蔵などとともに付属家屋として記される裏借家もあった。寛文五年（一六六五）伝馬町の「古郷改帳」をみると、借家人は家持に比べて移動が多く、不安定な状態にあったこともわかる。

借家人ことに裏借家人の中には、飢饉や凶作にさいし救恤《きゅうじゅつ》がなされると「城下借家等ニ罷在候一日暮体ノ者モ多ク出」（三浦泉文書）という状態であった。

町人達は武士が接客・体面を中心とした書院造りを基調とし、表向き（門・玄関・座敷）を重視し、身分格式を重んじた武家屋敷を発達させたのに対し、表向を倹約令にしたがって抑制し、奥向（居間、はなれ座敷など）を重視し、機能を重んじる町家をうみだした。町家はその通り庭でもわかるように、機能的であり、かつ分割所有に対応し、畳や柱など商品規格化にも即応できる工夫がみられた。

文政年間の平田町の年中行事を、日記「こころの茎」についてみてみよう。

元日は新年の祝い、二日出入りの人々の年頭のあいさつ、八日鏡ひらき、焼き餅、一一日川原町で町の寄合い、一四日差義長（正月のしめ飾り、書き初めなどを焼く）、二月八日仙琳寺、龍潭寺へ年頭の礼、この月宗門改め、三月九日夜廻りを常番とする。明照寺開帳、四月八日内町の祭礼、この月多賀の神事、二三日千代宮祭礼、五月五日節句、横目を奉行所へ礼に遣わす。一九日浪花（大坂）俳諧師、来遊、連日俳諧、六月土用入り　石ヶ崎町より土用見舞、一三日町講（町寄合）、一四日水道さらえ、晦日　長光寺荒神参詣、暑気はらい、七月一五日諸方町役人へ盆礼、二一日高宮より盆の礼、八月朔日奉行所へ横目、八朔の礼、五日内藤山城守彦根立寄に先立ち道掃除。一三日　千代宮秋祭、二〇日北野寺開帳見物、二三日秋の宗門改め御番所へ、九月朔日川さらえ、四日京都より俳諧師来る。一五日長浜祭礼、二五日多賀般若院で芝居、一〇月一九日夷（えびす）講、二〇日多賀般若院で相撲、一一月七日龍潭寺で茶会、一三日町講、二二日伊勢御師来る。初穂料を納め暦をうけとる。一二月寒気見舞、二五日餅つき、二六日大坂屋で年忘れ。

町人の年中行事は、町講（町寄合）や祭礼、彦根龍潭寺、明照寺、千代宮、北野寺などの寺社の祭礼にでかけ、寺社の祭り、多賀や長浜の祭礼、多賀般若院での芝居、相撲見物に遠出し、大坂や京都から俳諧師が来遊し、年の暮れには伊勢からも御師が訪れ、初穂料を納め、新年の暦をうけとっている。彦根城下町をめぐる都市生活を律動させ、活性化させていたようだ。道掃除、川さらえで町の自主的な運営に心がけていたこともうかがえる。

彦根城下町では武士と町人が、身分制によってその生活空間をきびしく分離され、それぞれ独自の生活文化を形づくっていたことがわかる。

近代への離陸

近代への離陸

「徳川の平和」といわれる江戸時代も、幕末になると社会の全面にわたって大きい変化があらわれてくる。とりわけ、鎖国状態にあった日本列島をめぐる対外的緊張はにわかに深刻になってきた。北から、シベリアに侵出してきたロシアが日本の北辺をおびやかし、南から、アヘン戦争で中国大陸にまで勢力をのばしたイギリスが、琉球をねらったフランスが日本に通商をもとめ、アメリカも太平洋での捕鯨を通じて東アジアに強い関心を示し、嘉永六年（一八五三）、ついにペリー艦隊が浦賀沖にあらわれた。その衝撃を当時の狂歌は、

太平のねむりをさます上喜撰《じょうきせん》
　たった四はいで夜もねられず

と風刺した。上喜撰は上質の茶の銘柄で、のむと興奮してよくねむれない。もちろん、蒸気船にかけている。

翌年、ペリーは軍艦七隻で再来し、日米和親条約を結び、下田と函館を開港させたが、アメリカはさらに通商をもとめてきた。開国をめぐって、国論はわれた。外国船を打ち払うという攘夷派と、国際認識のもとに鎖国を廃し積極的に開国し軍事衝突を避けようという開国派に分かれたのである。

初代駐日アメリカ総領事として下田に着任したT・ハリスは、通商条約の締結をせまった。安政五年（一八五八）「幕府は事情切迫して猶豫すべき場合にあらずとし、遂に勅許をまたずして合衆国と通商条約を結び」（昭和四年『尋常小学国史』）、くわえて将軍継嗣《けいし》の問題もからまって対立は激化した。「幕府に反対せる人々をおさへんとし、斎昭、慶喜をおしこめ、志士数十人を捕へて或ひは流し或ひは斬れり、世に之を安政の大獄といふ」（同上）と、幕末の世相はきびしい緊張をはらんで展開した。その幕府政治の当事者が大老・井伊直弼であった。直弼は、違勅を責める声がたかまるなかで、あえて反対勢力を弾圧したのである。直弼は彦根で生まれ不遇な青年期のなかで自らを鍛え、茶道を深く愛し、『茶湯一会集《ちゃのゆいちえしゅう》』をあらわし、一期一会、独座観念という独自の世界をきりひらいていた。直弼はきびしい政情のもとで苦渋にみちた選択をしいられた。その心境を

春あさみ　野中の清水　氷いて
　そこの心を　くむ人ぞなき

と、うたっている。政治家はいつの世にも、孤独で、きびしい決断をしいられるようだ。反対する攘夷派の反撃の矢面にたたされ、安政七年（一八六〇）三月三日、桃の節句の日に、桜田門外で直弼は水戸の浪士に討たれた。

直弼の死は政局を急転させ、彦根藩を動揺させた。この事態にたいして、幕議は「領知没収　家名断絶」を決したというが、やがて「半知十七万五千石相続」となり、三転して「遺領相違無く下さる」こととなった。直弼の遺骸を縫合し、負傷届を提出し、幕府は使をつかわして医薬や見舞の品をおくっている。遺領は無事、直憲に相続され、三月晦日には喪を発し、四月九日に世田谷豪徳寺で葬儀がいとなまれた。

やがて、藩政にも変化があらわれた。直弼の開国に反対し、慶喜擁立をとなえていた岡本半介（黄石）が家老の職についた。文久二年（一八六二）閏八月、幕府は会津藩主松平容保を京都守護職に任じ、彦根の京都守護職の役を解き、藩領三〇万石を一〇万石減らした。彦根藩はもはや、徳川幕府の先鋒でもなく、京都守護の家柄でもなくなったのである。慶応三年（一八六七）には、将軍慶喜は大政を奉還した。彦根藩では、藩主の直憲が藩の去就を藩士に問うた。士分の者は藩校・弘道館に集まり、無条件で朝命を遵守することを決しかねていた。いっぽう、足軽たちは宗安寺に集まり、早々と朝旨にしたがうことを決め、弘道館にかけつけ、「今にしてなお、幕府になずみ、朝命躊躇するはひっきょう彦根の町を亡ぼすものにほかならぬ」と、朝命遵守に藩の意志を統一させた。翌慶応四年の鳥羽・伏見の戦いには、彦根藩は官軍につき、幕府軍とたたかった。こうして、官軍の東征にさいしても、彦根城下町は兵火にさらされることなく安全をまもることができた。会津若松の運命と比べてみれば、その相違は明らかである。

明治維新と彦根城下町

明治維新によって、彦根城下町は大きく変容した。慶応四年八月、表御殿は政事館に、槻御殿は知事となった藩主の住居となり、評定所《ひょうじょうしょ》に民政所がおかれた。身分格式にしたがって、きびしく区画されていた第一郭回城郭におかれた民政所には、「社寺市農之者」も「裏御門」より、「不敬の筋これなきよう」出入できることになった。もっとも、城内がまったく開放されたわけではなかった。明治二年（一八六九）十二月の記録をみると、表御殿の通過について、帯刀人、御徒士らは高下駄を許しているが、庶民には高下駄での出入を禁じている。翌三年十二月、「農工商の輩」が許可なく、みだりに帯刀することを禁じている。同年八月には、「市中雑人共」が踊りをもよおしたところ、「場所柄」をはばからざる踊り、とりわけ「帯刀人」までも加わり、踊りに興じているのは身分にあるまじき挙動と非難している。明治になっても、城下町にとって群集する踊りはふさわしからぬものとうけとられていたのである。

城郭も城下町の景観も大きく変貌した。明治になって、多くの城郭が破却された。県下でも、膳所、水口の城郭ははやく、こわされていた。彦根城も例外ではなかった。明治一一年(一八七八)、「年来萎陋《いろう》に属し、保存するも効なきに付」売却されることになった。城内の建物の一部はすでに大津兵営に移され、門、塀、付属建物は公売に付され、天守閣も代金八〇〇円で売り払われようとしていた。天守閣とりこわしの足場がかけられたという。ちょうど、明治天皇の北陸巡幸があり、その帰路、同行していた大隈重信の進言があり、天皇の特旨で天守閣をはじめ西丸三重櫓、太鼓楼門、天秤櫓などは保存されることになったという。

城下町を特徴づけていた施設も撤去された。大手門をはじめ諸門は売却され、内町と外町を限っていた外堀と土居も売却され、開墾された。身分格式秩序によってきびしく規定されていた居住区にも大きい変化があらわれたのである。重臣の居住区・内曲輪などでは、広大な屋敷を維持することは秩禄処分のもとではむつかしくなり、割屋敷が許され、売却された。武士たちは新しい職をもとめて、彦根をはなれた。内曲輪をはじめ武家屋敷の町なみに空屋敷がめだち、城下町の中心部の空洞化がはじまった。足軽の町なみも、明治七年六月の手紙に、「おいおい家とり払い、借家札相打ち申し候、この頃は組足軽屋敷こぼちはやり、おいおい畑に相なり申し候」とつたえている。城下町は大きく変貌し、変容をとげたのである。

ところで、城下町の多くは近代になっても、県庁の所在地となり、軍の師団や連隊の司令部がおかれて地方の中心となることが多かった。これにたいし、大藩三五万石の城下町であった彦根には、高等商業学校はおかれたが、地方行政の中心となることはなかった。たしかに、幕末の動乱のなかで会津若松のような悲劇をさけることはできたが、薩長を主流とした明治政府のもとでは、彦根は屈折した近代をおくることになった。私の個人的な記憶をたどってみても、昭和一四・一五年ころ、小学校

城東小学校の講堂。正面、右に彦根城天守の模型、左に井伊直弼像が見える。
彦根市民会館が作られる前の文化会館的な役割をはたしていた。

の教室の黒板の上には、彦根が生んだ英雄として井伊直弼の写真がかかげられ、講堂には井伊大老の銅像がおかれていた。ところが、年に一度、視学が視察に訪ねてくると、写真がはずされ、銅像はテントで覆われた。先生からは、「井伊大老は勅許をまたずに開国をすすめたために、国賊のようにいわれているが、英断をもって開国し、日本の危機を救った人として歴史が見なおされる時が必ずくる」との説明があった。直弼の子孫が、大名華族でありながら、終戦まで政治や軍事に背をむけ、大名文化の維持と保存に没頭された姿はそのまま彦根の町の歩みに投影されたようだ。

　こうして、彦根は独自な近代化の道を歩むことになった。その結果、あいつぐ戦争の被害を直接にうけることなく、城下町の歴史的環境を保存することにもなった。彦根がほこる歴史的景観は、近代を屈折した思いのもとで耐え、維持してきた人びとの努力によってつちかわれたものであることを忘れてはならない。

　かつて、きびしい身分制秩序の象徴としてそびえていた天守閣も、苦難に満ちた近代の歩みのなかで、彦根の町のランドマークとして確固とした新たな役割りをはたすことになった。

これからの町づくり

　彦根の町は近世城下町の歴史的環境をよくのこした歴史的都市といえよう。ところで、人間に寿命があるように、人間が形づくる生活共同体の都市にも寿命があるようだ。インド亜大陸や中東を歩いていると、多数の都市遺跡にでくわす。その廃虚は、都市が意図された使命を終え、その機能を失い、衰滅したことを端的に示している。本来、消滅し廃虚となるべき都市が、歴史的都市として再生するには、その伝統の更新をはかり、新しい機能を付加しなければならない。世界の歴史都市は歴史的遺産をそこなうことなく、その再生の方向を探り、新しい時代へ飛翔をとげてきたことを示している。いいかえれば、歴史都市はつねに改造をかさね、その伝統の更新と新しい時代への対応を積極的におし進めてきたのである。

彦根も歴史都市として再生し、発展するためには、都市の歴史を調査し、そこにこめられた先人たちの知恵と努力を再発見し、ながい歴史のなかでつちかわれた文化遺産の価値をあらためて再評価し、新しい時代にふさわしく再生させるために新たな価値を付加し、これからの町づくりのなかに歴史的伝統をそこなうことなくいかし、新たな生活環境のなかに積極的に活用していくために積極的な動態保存の手法を検討し、開発していかなくてはならない。そのための保存修景計画を検討しなければならない。

地域の個性と町づくり・村づくり

現在、彦根は城下町彦根を中心に周辺の町や村を併せて、人口一一万の都市を形づくっている。この都市を発達した建設技術を安易に適用し、単一な手法で開発して、単調なありふれた空間におきかえてはならないのではないか。たしかに、彦根市には城下町だけでなく、高宮、鳥居本には中山道の宿場町として発展した歴史があり、周辺の集落には、農村もあれば、漁村や山村もある。それぞれの地域が、その自然環境をいかした特色ある町なみや集落のたたずまいを形づくっている。

たとえば、西今町の「十王《じお》の水」はこの地域の人びとによってうけつがれ、貴重な清水として人びとに親しまれ、地域の人びとによってねんごろに保存されている。

この個性ゆたかな町や村に、現在の発達した建設技法をそのまま適用することによって、そのゆたかな特性を失わせてはならない。工業化がすすみ、大量生産・大量消費・大量廃棄の傾向がつよい現在の風潮のもとで、個性ゆたかな町づくり、村づくりをすすめることは、けっして容易なことではない。私たちは、いま、あらためて、地域の個性に注目し、地域の特性をいかした町づくり村づくりの手法を開拓し、その地域に生きた先人たちの知恵をうけつぎ、発展させることによって、魅力ある生活空間をうみださなければならない。

文化的景観と町づくり

　二〇〇七年、彦根は築城四百年をむかえる。たしかに、近江は城下町の歴史に大きい役割りをはたしてきた。中世末の観音寺城、上平寺城、小谷城などでは、その城下城下町形成の動きがみられた。秀吉による長浜城下町は近世城下町の原型をよくとどめ、八幡城下町は秀次の建設による豊臣政権のもとでの副首都ともいうべき展開を示している。安土城下町は信長による天下布武をめざした中央城下町の原型として、秀吉の大坂、家康の江戸の中央城下町の建設の先駆として重要な役割りをはたした。彦根はこうした城下町建設の動きのなかで、徳川政権のもとでの完成した近世城下町の形をよくとどめている。

　近世のはじめ、構築された多くの城下町は近代になって、県庁の所在地となり、軍関係の施設として大きく変貌し、城下町の骨格さえ失なってしまった。そのなかで、彦根は徳川の譜代大名井伊家の三十五万石の城下町として、先にものべたように近代になっても大きく改変されることなく、城下町の構成をよくとどめている。近世城下町の完成した形をよく示す文化的景観として、まことに注目すべきである。この城下町の文化的景観をそこなうことなく保存し活用するための保存修景の具体的な方策を検討しなければならない。

　人びとの生活と生業《なりわい》の場であるかぎり、都市はつねに展開し、変容し変貌していく。歴史のなかで、人びとがその生活と生業と結びつけてうみだしてきた文化的景観をまもり、活すために、時代の変化に的確に対応しなければならない。

　彦根城下町にも、近代になると大きい変化がみられた。第二郭内曲輪をはじめ、家臣団の武士の住居はその多くが撤去された。内堀と外堀を区画する外堀は道路の拡幅やマラリア対策のために埋めたてられた。ほかにも、城下町の特色を示してきた建造物は失なわれ、大きく変貌したこともみのがせない。この変化はしだいにその速度を加速し、なんの対策もなく放置すれば、やがて城下町の特性をもつ歴史的景観は大きくそこなわれる危機に直面しているのである。

　この危機を回避するための保存の対策として、次の二つの手法がかんがえられる。

　まず、従来、国や地方自治体が主として学術的、芸術的観点から価値高いものとして指定してきた文化財の保存の手法があげられる。建造物であれば修理・保存にあたって、解体調査によって創建当初、または過去のある時期に固定した形に保存する手法で、「静態保存」ともよぶべき復原的手法である。

更に現在、人びとの生活に結びついた住居、町なみ、文化景観などの保存修景のなかで検討され、実施されている手法である。この場合、創建当初や過去のある時期にだけ注目するのではなく、むしろ長い年月をかけて改造をかさね、工夫をこらしてすぐれた生活空間を形づくってきた努力に注目しようという立場がとられる。この伝統をうけつぎ、これからも生活空間は変化することを予想し、知恵と工夫をこらし、文化財を活かし、住居や町なみを良好な形で変化させていこうという「動態保存」ともよぶべき手法がとられている。

ながい歴史のなかで、人びとの生活や生業と結びついてつちかわれてきた文化的景観を保存し、良好な展開をはかるために、「静態保存」と「動態保存」の手法を有効に結びつけ、これからの町づくりのなかに的確に位置づけなければならない。とりわけ、「動態保存」の手法をそれぞれの地域に固有な手法としてうみだす必要にせまられている。そこで市民の積極的な参加と協力をはかるために、危機にたつ文化的景観を点検し診断する方策をかんがえてみよう。

まず、景観の定点・定時観察「市民がみて、かんがえる彦根の景観」である。現在、景観の変貌はかつてなくはげしい。市民が積極的な関心をもち、景観の変貌を点検しようという試みである。市民が眺望する地点を定め、たとえば眺望する対象・彦根城とその景観を定期的に観察し、写真や絵画などに記録し、景観の変化を点検し、その変化が彦根の景観にとってふさわしいかどうかをかんがえ、判断する機会をもつことにしたい。また眺望する地点を彦根城におき、観察・記録・判断をくり返したい。

関東大震災のあと、その復興のなかで風俗のはげしい変化に注目し、今和次郎は「考現学」をとなえた。この考現学をあらためて見なおし、現状の激しい変化を観察し、克明に記録し、この変化が地域にとってふさわしいかどうかを判断し省察することにしたい。この定点・定時観察は、考現学（観察―記録―省察）の景観観察への適用であり、市民を中心に市内の学生・専門家・研究者などの参加が期待される。築城四百年を記念に景観を撮る市民写真コンクール、小中学生による景観をえがく絵画コンクールなどをそのきっかけとすることができよう。この冊子も、景観をかんがえる基礎資料となるにちがいない。

ところで、住民にとって景観は、空気のような存在で、日常とりたててかんがえることも少ないであろう。しかし、市外から訪れた来訪者には、その景観の特性が注目されるはずである。そこで、市民の「内から見る眼」と来訪者の「外から見る眼」を交差させ、たたかわせるなかで、彦根の景観の特性をいっそう明らかにできるだろう。その景観に自信を深めることができるにちがいない。いま、各地の歴史都市で、それぞれの伝統と文化的景観をいかした町づくりを懸命にすすめている。彦根の近くでは、近江八幡や長浜の町づくりは人びとに注目されている。これら各地の町づくりの経験を交流させることはこれからの町づくりに大きく貢献することだろう。彦根には、宗安寺に朝鮮通信使をむかえ、一行と筆談をかわして交流したようすが『海遊録』に記されている。この地域をこえ、国境をこえた市民的交流の伝統を今にいかし、これからの町づくりに大きく役だたせたい。

彦根城下町が築城四〇〇年をむかえる今年二〇〇七年は、朝鮮通信使のはじめての来訪から四〇〇年の年でもある。これを記念して、彦根でその宿舎となっていた宗安寺を中心に、さまざまな行事が企画されている。そのなかで、日本と韓国の文化的景観をいかした町づくりの経験の交流も期待されている。

思えば、近代になって、私たちは町の記憶・個人の思い出を余りにも無頓着に捨てさり、忘れさったのではなかろうか。発達した建設技術を不用意に安易に適用することによって、人びとを親密に結びつけてきた文化的景観をこわし、個性ゆたかな町をありふれた単調な生活空間におきかえ、人びとにその町、その村に住む自信を失なわせ、不安をもたらしたのではないか。今こそ、この町に生きた先人たちの知恵と努力を想い返し、古い絵地図や古い地名をあらためて見なおし、先人たちの生きた生活の痕跡をたどり、想像力を発揮し、失われた文化的景観の再生をはかり、歴史のなかでつちかわれた文化的景観をいかした魅力のある町づくりをすすめたい。文化的景観を活用した新しい町づくりの実験によって、現在を生きる人びとをヨコに結びつけ、過去に生きた先人たちとタテに結びつけられるであろう。この小冊子が年輪をきざむ新しい町づくりに役だつことをねがってやまない。

「都市の記憶—彦根の町の歩み—」は平成八年（一九九六）、彦根市教育委員会「平成八年生涯学習通信講座・彦根の町の歴史—都市の記憶をよむ—・第一号　城下町以前、第二号　彦根城の建設、第三号　彦根城下町の形成と構成、第四号　彦根城下町の都市生活、第五号　近代への離陸・将来、に加筆し、末尾に結章として「文化的景観とまちづくり」を新たに加えたものである。

付　彦根指定文化財一覧

彦根指定文化財一覧

（平成一九年三月現在）

建造物

指定名称	種別	時代	所有
彦根城天守附櫓及び多聞櫓	国宝	桃山	彦根市
千代神社本殿	重要文化財	江戸	千代神社
彦根城太鼓門及び続櫓	重要文化財	桃山	彦根市
彦根城天秤櫓	重要文化財	桃山	彦根市
彦根城西の丸三重櫓及び続櫓	重要文化財	桃山	彦根市
彦根城二の丸佐和口多聞櫓	重要文化財	江戸	彦根市
彦根城馬屋	重要文化財	江戸	彦根市
長寿院弁才天堂　附 棟札（1枚）	重要文化財	江戸	長寿院
多賀大社鳥居（一の鳥居）	県指定	江戸	多賀大社
長寿院伽藍	県指定	江戸	長寿院
長久寺本堂（観音堂）	県指定	江戸	長久寺
旧西郷屋敷長屋門　附 袖塀・塀及び高麗門	市指定	江戸	最高裁判所
旧池田屋敷長屋門	市指定	江戸	個人
旧鈴木屋敷長屋門	市指定	江戸	彦根市
旧広田家（納屋七）住宅　附 茶室	市指定	江戸	個人

旧彦根藩足軽組屋敷（善利組・太田家住宅）	市指定	江戸	個人
旧彦根藩武家屋敷（大村家住宅）附塀・門及び長屋	市指定	江戸	個人
金亀会館	市指定	江戸	本願寺金亀教堂
旧彦根藩足軽組屋敷（善利組・中居家住宅）	市指定	江戸	個人

絵画			
紙本金地著色風俗図（彦根屏風）	国宝	江戸	彦根市
絹本著色他阿真教像	県指定	室町	高宮寺
龍潭寺方丈襖絵　伝森川許六筆	市指定	江戸	龍潭寺
絹本著色浄土変相図	市指定	鎌倉	唯稱寺
絹本著色阿弥陀来迎図	市指定	鎌倉	圓常寺
絹本著色阿弥陀来迎図	市指定	鎌倉	善照寺
絹本著色朝鮮高官像	市指定	朝鮮	宗安寺
絹本著色阿弥陀三尊来迎図	市指定	鎌倉	高宮寺
絹本著色伝熊野権現影向図	市指定	南北朝	高宮寺
絹本著色阿弥陀三尊像	市指定	室町	高宮寺
絹本著色善導大師像	市指定	室町	高宮寺
紙本金地著色秋草図屏風	市指定	江戸	宗安寺
井伊家歴代等肖像画	市指定	江戸	清凉寺
肥田城主肖像画	市指定	桃山	崇徳寺

彫刻

木造日光菩薩立像・木造月光菩薩立像	重要文化財	鎌倉	観道寺
木造阿弥陀如来坐像	重要文化財	鎌倉	来迎寺
木造観世音菩薩立像	重要文化財	平安	少林寺
木造伝切阿坐像	重要文化財	鎌倉	高宮寺
木造阿弥陀如来立像　附像内納入品	県指定	鎌倉	宗安寺
木造阿弥陀如来立像　快慶作	県指定	鎌倉	圓常寺
木造僧形坐像	県指定	中国・唐	千手寺
木造聖観音菩薩立像	市指定	平安	慶光院
木造千手観音菩薩立像　脇侍木造毘沙門天立像・木造不動明王立像	市指定	平安・室町	千手寺
木造阿弥陀如来坐像	市指定	鎌倉	観音寺
木造毘沙門天立像・木造不動明王立像	市指定	平安	長久寺
木造聖観音菩薩立像	市指定	平安	久留美神社
木造十一面観音菩薩坐像	市指定	鎌倉	延寿寺
木造仏頭	市指定	南北朝	延寿寺
武悪面	市指定	桃山	個人
天狗面	市指定	江戸	大宮神社
木造役ノ行者倚像	市指定	室町	北野寺
木造阿弥陀如来立像	市指定	鎌倉	下後三条町

木造僧形男神坐像	市指定	平安	本隆寺
木造菩薩形坐像（寺伝観世音菩薩）	市指定	鎌倉	崇徳寺
木造地蔵菩薩立像	市指定	平安	極楽寺
木造毘沙門天立像	市指定	平安	長光寺
木造聖観音坐像	市指定	平安	国昌寺
木造釈迦・十大弟子像ならびに十六羅漢・五百羅漢像	市指定	江戸	天寧寺
木造聖観音坐像	市指定	平安	江国寺

工芸品

太刀　銘国宗（二代）　附 井伊直忠寄進状（1通）	重要文化財	鎌倉	彦根市
太刀　銘国宗（伯耆）	重要文化財	鎌倉	彦根市
我宿蒔絵硯箱	重要文化財	室町	彦根市
井伊家赤具足	市指定	桃山～江戸	彦根市
鼻高面　附 毘沙門面（1面）	市指定	室町	久留美神社
木製半月形前卓	市指定	室町	見塔寺別院
刺繍阿弥陀来迎図	市指定	南北朝	唯稱寺
井伊家伝来甲冑類	市指定	桃山～江戸	彦根市

古文書

彦根藩井伊家文書	重要文化財	桃山〜明治	彦根市
彦根御城下惣絵図	市指定	江戸	彦根市
中村家文書	市指定	江戸	個人
宇津木家文書	市指定	江戸	個人
山田家文書	市指定	江戸	個人
御城内御絵図	市指定	江戸	彦根市

書跡

紙本墨書六字名号　蓮如筆　附同名号（2幅）	市指定	室町	法蔵寺

史跡

彦根城跡	特別史跡	江戸	彦根市ほか
湖東焼窯場跡	県指定	江戸	個人
山崎山城跡	市指定	安土・桃山	彦根市
竹ケ鼻遺跡	市指定	奈良	彦根市
荒神山古墳	市指定	古墳	荒神山神社ほか

名勝

玄宮楽々園	国指定	江戸	彦根市
旧彦根藩松原下屋敷（お浜御殿）庭園	国指定	江戸	個人・彦根市
龍潭寺庭園（東庭）	市指定	江戸	龍潭寺
明照寺庭園	市指定	江戸	明照寺

天然記念物

オオトックリイチゴ	市指定		彦根市

無形民俗

小泉町幌踊り	市指定		
小野町太鼓踊り	市指定		
大藪踊り	市指定		
高宮町かぼちゃ踊り	市指定		

登録

滋賀大学陵水会館	国指定	昭和	滋賀大学
中村商家保存館（主屋・文庫蔵・酒蔵）	国指定	江戸・明治	個人
滋賀大学経済学部講堂（旧彦根高等商業学校講堂）	国指定	大正	滋賀大学

あとがきにかえて

本書は彦根市立図書館所蔵の古写真をできる限り多く掲載し、さらに古写真と同じアングルで撮影した写真を対比することで、明治初頭から現代に至る城下町のあゆみと、これからのあり方を考えてみようという趣旨で作成しました。

彦根市立図書館には所蔵の貴重な史料をご提供いただき、さらに故上田道三氏が生涯丹念に描かれた藩政時代の彦根のようすの作品が、彩りを添えていただきました。

一方、写真で見る今昔比較とは別に、彦根市都市景観審議会会長で前滋賀県立大学学長の西川幸治氏の「都市の記憶をよむ―彦根の町の歩み―」は彦根の変遷を詳述いただくとともに、文化的景観とまちづくりへの提言をいただきました。国宝・彦根城築城四〇〇年という節目の年に彦根の足跡をこのような形で発行できましたことは望外の喜びです。

「城下町彦根を考える会」は、昭和四八年彦根市文化祭で「城下町彦根を語る会」が開催されたことが契機で翌年に発足しました。ちょうど、全国的に町並み保存運動の機運が高まる中、彦根史談会、彦根青年会議所を中心に、全国的にも類を見ない、整った近世城郭都市の姿を色濃く残す城下町彦根のまちなみを見つめ直し、後世に残すことを目的とした活動が始まったのです。しかし、青年会議所活動の多様化、会員の高齢化、なによりも都市機能の急速な変化が要因で、近年は活動が停滞していました。しかし、一方で世界遺産登録をめざしたまちづくり活動が起こってくるなど、新たな活動の機運が高まってきたことから、平成一九年一二月で、三〇年余の活動の幕を閉じることとなりました。保有財産は、私たちの活動を引き継ぎ、今後のまちづくりに寄与できるであろう団体に提供し、長年の活動の記念として本書の発行を計画しました。

彦根市教育委員会文化財課のご支援と彦根市立図書館および上田浩二氏の多大なご協力、そして西川幸治氏から玉稿を頂戴し、築城四〇〇年祭開催と同時に刊行できましたことを心より厚くお礼申し上げます。本書が城下町彦根の新しい指針になることを願っています。長年のご支援ご協力ありがとうございました。

平成一九年三月

城下町彦根を考える会 代表　松田亘史

著者略歴

西川幸治（にしかわこうじ）

1930年　滋賀県彦根市に生まれる。
1954年　京都大学工学部建築学科卒業。
1959年　京都大学大学院博士課程修了。
1960年　京大イラン・アフガニスタン・パキスタン学術調査隊に参加。以後ガンダーラ仏教遺跡の調査にあたる。
1977年　京都大学教授。
1994年　京都大学名誉教授。滋賀県立大学開学準備室顧問。
1995年　滋賀県立大学教授。人間学部学部長（～1999年）。
2001年　滋賀県立大学学長（～2005年3月）
2005年　国際日本文化研究センター客員教授。

主な編著書

『都市の思想』（1972、1994、日本放送出版協会）
『日本都市史研究』（1972、日本放送出版協会）
『歴史の町なみ』京都編ほか（1979、日本放送出版協会）
『仏教文化の現郷をさぐる―インドからガンダーラまで』（1985、日本放送出版協会）
『日本の市街古図』 西日本編・東日本編（1972、73、鹿島出版会）
『日本都市生活史料集成』編（1982、学習研究社）
『近江から望みを展く』（2005、サンライズ出版）　ほか

本書掲載の写真で撮影者、所蔵者の記載のない分については、古写真は彦根市立図書館蔵、現在の写真は辻村耕司の撮影によるものです。

協力者

上田浩二氏、彦根市立図書館、彦根市教育委員会文化財課、彦根市観光課、彦根城博物館

城下町の記憶 ―写真が語る彦根城今昔―

2007年3月21日　初版第1刷発行

著　者　西川　幸治
編　集　城下町彦根を考える会
発行者　岩根　順子
発　行　サンライズ出版株式会社
〒522-0004　滋賀県彦根市鳥居本町655-1
電話 0749-22-0627

印刷・製本　P－NET信州

ISBN978-4-88325-326-5 C0021